Himmelstürmer Verlag

Originalausgabe
Veröffentlicht im Himmelstürmer Verlag

Umschlag: Dwaarslöper, Kiel
Collage (Rücks.) aus „regulation“,England

Autor: Marco Schneider
Printed in Germany
ISBN 3-9806249-2-7

Alles für'n Arsch

Himmelstürmer Verlag

Inhalt

Einleitung: *Alles für'n Arsch ?*....................9

Das Material: *Die 14 Anzeigen*....................13

1. Anzeige....................28
Er, attraktiver sowie aufgeschlossener, schlanker, 32-jähriger Mann sucht einen etwa gleichaltrigen Freund für Beziehung.

2. Anzeige....................40
Wer will mich??? - Boy, 24/178/63 und wirklich gutaussehend, will von Dir geil durchgefickt und anschließend vollgespritzt werden. Ich bin unkompliziert und nur an Sex interessiert!

3. Anzeige....................60
Schwuler junger Mann möchte Hetero- oder Bi-Typ (verheiratete Männer sind auch willkommen) gerne französisch verwöhnen.

4. Anzeige....................64
Sehr junger Boy, 17/178/60, möchte in die schwule Liebe eingeführt werden. Zeigst Du mir, wo es langgeht?

5. Anzeige....................72
Devoter und hübscher, unbehaarter Lehrling (schlank) ersehnt sich eine absolut tabulose Erziehung. Alles ist möglich - keine Tabus!

6.Anzeige....................100
Williger und tabuloser Bengel sucht Anstellung als Hausboy (vielseitig verwendbar). Ich verrichte alle Arbeiten und stehe Dir gerne auch als Sexdiener(auch für extreme Sexspiele) zur Verfügung.

7. Anzeige....................118
Junger Meister, 27/188/78, 21x6, teilrasiert, sucht den absolut unterwürfigen Sklaven für konsequente Erziehung

8. Anzeige **134**
Vorzeigbarer, schlanker Boy in aufregenden Dessous und verführerischen Strapsen steht ihm für diverse Spielchen zur Verfügung.

9. Anzeige **141**
Er (22) mit Faible für Füße und Fußsex sucht Boy oder Mann zum gemeinsamen Ausleben unserer Phantasien.

10. Anzeige **145**
Schüchterne, aber willige Bi-Boy-Hure sucht die ersten Erfahrungen mit einem aufgeschlossenen (evtl. dominanten) Bi-Pärchen.

11. Anzeige **148**
Er (34), durchschnittliche Erscheinung - sehr beherrschend und extrem versaut und abartig, erzieht devoten Ihn zum gehorsamen Toilettensklaven.

12. Anzeige **152**
Er, Boy, schlank, schmächtig, unbehaart, devot und sauschweinisch sucht Abrichtung zum „Toilettenboy“. Bin auch an einer Erziehung zum Bettnässerboy interessiert!

13. Anzeige **165**
Süßer Jüngling (19), unschuldig in Not geraten, braucht dringend Kohle. Ich mache auch wirklich alles dafür. Bitte helft mir!

14. Anzeige **171**
Schmerzgeiler Zögling sehnt sich nach Peitschenhieben und Rohrstockbehandlung. Wer legt mich übers Knie?

Anhang: *Stichwortverzeichnis* **175**

Alles für'n Arsch...?

Wozu dieses Buch; welchen Nutzen bietet es dem geneigten Leser? So stellt sich gleich am Anfang die Frage, welcher Kategorie sich dieses Buch eigentlich unterordnen läßt. Vielleicht ist es ja Pornographie auf gehobenem Niveau; oder Schweinkram, hübsch verpackt unter einem Deckmantel pseudowissenschaftlicher Betrachtungen? So werden zumindest einige der Leser nach Lektüre dieses Buches urteilen. Nun dürfen Sie uns aber ruhig glauben, wenn wir Ihnen an dieser Stelle sagen, daß uns prinzipiell nichts ferner läge, als mit diesem Buch irgend jemand die Zornesröte ins Gesicht zu treiben (wenn denn überhaupt irgendeine Röte, dann höchstens die Schamesröte). Nein, dieses Buch wurde geschrieben, um Ihre Aufmerksamkeit auf eine normalerweise nichtöffentliche Wirklichkeit zu richten. Und gleichsam möchte dieses Buch um Ihr Verständnis werben; Verständnis dafür, daß eben nicht alle Menschen die gleichen sexuellen Vorlieben miteinander teilen.

Sollten nun aber dennoch einige Leser über den Inhalt dieses Buches so sehr in Rage geraten, daß sie versucht sind, das Buch nebst seinen Verursachern zu verfluchen, so sei jenen Entrüsteten mit auf den Weg gegeben, daß sie sich letztlich über Tatsachen aufregen. Denn dieses Buch ist eine Dokumentation; eine Dokumentation über die sexuellen Verhaltensweisen homosexueller Männer, und es ist gleichsam ein Buch über die sexuellen Abgründe homosexueller Männer.

Somit ist diese Publikation weit davon entfernt, ein modernes *Reality-Märchen* zu sein, und auch entsprang der Inhalt der hier abgedruckten Briefe nicht dem Phantasiegebilde eines lüsternden Autors. Dieses Buch enthält die *nackte* Wahrheit, gleich, ob sie nun jedem von uns gefällt oder nicht.

Auf jeden Fall aber bekommt der Leser mit „Alles für'n Arsch" eine Briefsammlung der besonderen Art vorgesetzt. Und mit diesem ihm zur Verfügung gestellten Material mag er dann umgehen wie er es für sich selbst als richtig befindet! So will diese *homogene Auslese* denn auch dem Leser vordergründig die Möglichkeit offerieren, wie durch ein imaginäres Schlüsselloch den Sexphantasien fremder Menschen beizuwohnen.

Aus diesem Sexualverhalten lassen sich wichtige Rückschlüsse über die Persönlichkeitsstruktur eines Menschen ziehen. Denn nicht von ungefähr gilt die Auseinandersetzung mit diesem Thema, bei psychotherapeutischen Maßnahmen, als ein wichtiges Instrument zum Ergründen des individuellen Wesens.

Doch bei aller Theorie läßt es sich natürlich nicht von der Hand weisen, daß dieser ungewöhnliche Lesestoff gleichwohl der Unterhaltung dient. Natürlich tut er das! Schließlich haben wir Menschen alle eine voyeuristische Ader, die bedient werden will. Und was meinen Sie denn, warum sich Talkshows, in denen Menschen via Bildschirm einen Seelenstriptease hinlegen, sich eines so großen Interesses erfreuen? Und was glauben Sie denn, warum sexuelle Enthüllungsgeschichten die Auflagen von Boulevardblättern in schwindelnde Höhen treiben?

Was aber haben wir an Anstrengungen unternommen, um Ihnen diesen voyeuristischen Einblick zu ermöglichen? Zunächst einmal denken wir, daß wir das Beste getan haben; denn wir haben die Menschen einfach selbst zu Worte kommen lassen, über die uns dieses Buch erzählen will. Also haben wir 14 verschiedene Anzeigentexte in unterschiedlichen Magazinen und Zeitschriften veröffentlicht. Und damit unsere Inserate einen möglichst hohen Rücklauf erzielen konnten, haben wir einige von ihnen gleich mehrmals hintereinander geschaltet. So erhielten wir auf unsere Lockanzeigen während der Dauer unserer Untersuchung etwas mehr als 700 Zuschriften, wovon wir 159 Briefe mit ihrem Originalwortlaut in dieses Buch aufgenommen haben. Und daß hierbei nun keine gewöhnliche Ansammlung homoerotischer Briefe herausgekommen ist, darauf weist Sie ja bereits hinreichend der Textinhalt unserer 14 Inserate hin: Dort ist von einem Jüngling zu lesen, der in die schwule Liebe eingeführt werden möchte oder aber von einem Mann, der sich eine tabulose Erziehung erfleht. Auch ein Bettnässerboy sowie ein schmerzgeiler Zögling sind auf der Suche nach ihrer Befriedigung. Und diese Dokumentation läßt uns nun an all diesem Treiben teilhaben. Sie berichtet von Haus- oder Toilettensklaven ebenso wie von Strapshuren und wilden Stricherphantasien.

Wir möchten in diesem Zusammenhang darauf aufmerksam machen, daß in vielen der hier abgedruckten Briefe zum Teil abgründigste sexuelle Phantasien uncodiert wiedergeben werden. Von daher ist dieses Buch nicht unbedingt dazu empfohlen, von Minderjährigen gelesen zu werden. Auf den gleich folgenden Seiten bieten wir Ihnen einige aufschlußreiche Fakten und Hinweise zu jeder einzelnen Anzeige, die Sie auf Wunsch mit zusätzlichen Hintergrundsinformationen bedient. Außerdem hängt am Ende dieses Buches ein Stichwortverzeichnis an, das Ihnen mit kurzen Worterklärungen hilfreich zur Seite steht.

Wenn Sie einen flüchtigen Blick auf unsere 14 Anzeigentexte in der Inhaltsübersicht geworfen haben, dann wird Ihnen mit Sicherheit aufgefallen sein, daß in unseren Inseraten fast ausschließlich junge Männer oder aber *Boys* von uns als Lockvögel eingesetzt wurden. Das hat selbstverständlich seinen Grund, über den wir Sie hier auch nicht länger im unklaren lassen möchten. Wir waren bei dieser Dokumentation sehr wohl darum bemüht, auch Kontaktgesuche älterer Homosexueller in diese Briefsammlung mit aufzunehmen. Allerdings waren unsere Bemühungen nicht vom Erfolg gekrönt. Denn auf alle von uns aufgegebenen Inserate, in denen ältere Männer als Kontaktsuchende auftauchten, erhielten wir entweder gar keine Antworten oder aber es erreichten uns sehr wenig Zuschriften. Und uns schien es unmöglich, aus diesem kargen Rücklauf eine verwertbare Auswahl zu treffen. Nun soll aber auch diese hier vorliegende Zusammenstellung in keiner Weise einen repräsentativen Querschnitt gängiger Sexpraktiken homosexueller Männer widerspiegeln. Denn uns ist wohl bewußt, daß diese hier angehängten 159 Briefe nur einen kleinen Ausschnitt schwuler Sexualität einfangen konnten. Und um wirklich alle Sexvarianten kurz aufzeigen zu können, dazu würde ein einziges Buch bei weitem nicht ausreichen.Der hohe Anteil bizarrer Anzeigen innerhalb dieses Druckwerks ist allerdings von uns beabsichtigt. Wir haben vor allem die Annoncen, in denen sich ein gewisses Rollenverhalten zeigt (z.B. Meister sucht Sklaven, Lehrling sucht Erzieher), und solche, die über Besudelung und Zerstörung der Persönlichkeitsstruktur Auskunft geben, dokumentiert. Und daß unsere Lockvögel mehrheitlich mit devoten Neigungen besetzt wurden, spiegelt uns in etwa das tatsächliche Verhältnis des dominant/devoten (Ungleich-)Gewichtes wider, welches eben eindeutig zu erkennen gibt, daß der *unterwürfige* Homosexuelle hierbei die Mehrheit bildet.

Auch wenn bei manchem Leser vielleicht der Eindruck entstehen könnte, daß dieses Buch den schwulen Mann als einen verhaltensgestörten Lüstling darstellen will, so ist dies in keiner Weise von uns beabsichtigt! Dieses Buch hätte auch genauso gut über die sexuellen Verhaltensmuster heterosexueller Menschen berichten können, und die darin aufgespürten Abgründe hätten jenen Abgründen innerhalb dieses Buches in nichts nachgestanden.

Abschließend möchten wir Ihnen hiermit ausdrücklich die Echtheit sämtlicher hier abgedruckter Briefe garantieren. Es wäre einem einzelnen Menschen auch vollkommen unmöglich, sich eine solche Fülle von verschiedenartigen sexuellen Phantasien auszudenken und sie dann noch in so unterschiedlicher und stilistisch stark voneinander abweichender Form zu Papier zu bringen. Es wurde lediglich auf die Veröffentlichung der Originalnamen verzichtet. Außererdem wurden in manchen Fällen einige persönliche Details leicht verfremdet, um die Anonymität jeder einzelnen Person zu wahren. Ansonsten aber wurden die Briefe allesamt in ihrem Originalwortlaut übernommen, um somit dem Leser ein möglichst authentisches Bild wiederzugeben. Lediglich grobe Rechtschreibfehler, die das Verständnis beim Lesen stark beeinträchtigen würden, wurden von uns behutsam ausgeglichen. Wir haben uns zudem auf eine durchgängige Großschreibung der Anredeformen innerhalb aller Briefe festgelegt.

DAS MATERIAL:
DIE 14 ANZEIGEN

Das Material: Die 14 Anzeigen

1. ANZEIGE

Er, attraktiver und aufgeschlossener, schlanker, 32-jähriger Mann sucht einen etwa gleichaltrigen Freund für Beziehung.

Mit dieser ersten Kontaktanzeige haben wir gleichzeitig den klassischten Vertreter dieser Sammlung vor uns liegen. Hier steht ein Beziehungswunsch im Vordergrund. Diese Annonce, mitsamt ihren Zuschriften, wird Sie behutsam auf das Folgematerial dieses Buches einstimmen. Sie dient Ihnen sozusagen als eine Art Sprungbrett, hinab in die Niederungen sexueller Verhaltensmuster homosexueller Männer. Die folgenden drei Inserate werden sich im Bereich homosexueller Normalität bewegen. Danach allerdings wird sich unsere Publikation vornehmlich mit der Aufspürung und Dokumentation sexueller Abnormitäten auseinandersetzen, insbesondere der Besudelung und Selbstaufgabe, bis hin zur völligen Zerstörung der Persönlichkeitsstruktur.

Unsere erste Anzeige allerdings kommt harmlos daher. Wie bereits erwähnt, äußert der vermeintliche Verfasser seinen Wunsch dahingehend, eine Bindung einzugehen. Doch obgleich unser aufgeschlossener Mann in seinem Anzeigentext bewußt auf sexuelle Anspielungen verzichtet, findet sich unter den 14 ausgewählten Zuschriften gerade einmal ein einziges Schreiben wieder, im dem der Urheber ebenfalls Sex als Thema tabuisiert. Die verbliebenen Kontaktsuchenden hingegen verlieren sich mehr oder weniger offen auf der sexuellen Ebene. In 9 von insgesamt 14 Antwortschreiben spiegelt sich bereits eine relativ klare Vorstellung darüber wider, welches, im Falle des Zustandekommens eines Kontakts, die eigens bevorzugten Sexualpraktiken sind. Und in mehr als der Hälfte aller erhaltenen Briefe rückt der eigentliche, vom Verfasser ausdrücklich ausgesprochene Beziehungswunsch eher in den Hintergrund oder findet erst gar keine Erwähnung. *(Seite 28-39)*

2. ANZEIGE

Wer will mich??? - Boy, 24/178/63 und wirklich gutaussehend, will von Dir geil durchgefickt und anschließend vollgespritzt werden. Ich bin unkompliziert und nur an Sex interessiert!

Diese Anzeige spricht gleich aus mehreren Gründen eine breite Zielgruppe an: Der Verfasser dieser Annonce ist jung und schlank, bezeichnet sich als gutaussehend, ist unkompliziert, bedarf keiner langen Anlaufzeit, ist willig, und er ersehnt sich die Anwendung einer Sexpraktik, die ganz weit oben in der Beliebtheitsskala schwuler Männer steht. Außerdem wurde nebst Anzeigentext ein ansprechendes Nacktfoto veröffentlicht. In diesem Zusammenhang sei erwähnt, daß alle verwendeten Fotos uns von redaktionellen Mitarbeitern für dieses Projekt zur Verfügung gestellt wurden. Doch zurück zum Inserat: Der einladenden *Fangfrage*, gleich zu Beginn unseres Kontaktgesuchs, konnten sich viele Männer nicht entziehen. So erreichten uns auf diese Anzeige insgesamt 86 Antworten, wovon wir im folgenden die 24 interessantesten Briefe ausgewählt haben. Neben *erwartungsgemäßen* Zuschriften mischen sich immer wieder solche, in denen Personen eine Kontaktaufnahme über gewisse Umwege herzustellen versuchen. Hierbei handelt es sich häufig um Männer, die aufgrund ihrer persönlichen Daten - meist sind sie etwas älter oder übergewichtig und häufig ist sogar beides der Fall - sich dann, über eigens geschaffene Hintereingänge, persönlichen Kontakt erhoffen. Und es ist teilweise schon bemerkenswert, mit welchen Ideen manche dieser Interessenten aufwarten können. Hier drei Beispiele:
Da gibt sich ein übergewichtiger junger Mann als der Vorsitzende eines Wichsclubs zu erkennen oder an anderer Stelle taucht ein älterer Herr auf, der jungen Männern sein Bett als Spielfläche (natürlich vollkommen selbstlos!) zur Verfügung stellt, und der sich zudem noch bereit erklärt, Videoaufnahmen von diesem Treiben anzufertigen. Außerdem meldeten sich zwei Firmeninhaber mit einem wahrhaft unmoralischen Jobangebot. So meinen wir, daß die Männer in allen drei erwähnten Fällen eigentlich nur an einem sexuellen Kontakt interessiert sind. *(Seite 40-59)*

3. ANZEIGE

Schwuler junger Mann (25) möchte Hetero- oder Bi-Typ (verheiratetete Männer sind auch willkommen) gerne französisch verwöhnen.

Diese Anzeige ist recht ungewöhnlich gestaltet, denn sie sollte mit ihrem Erscheinungsbild vor allem bisexuelle Männer ansprechen. Und natürlich auch solche Männer, die sich ihre sexuelle Neigung nicht gern eingestehen. So mag es sich für den einen oder anderen Leser zwar ein wenig widersinnig anhören, wenn im Anzeigentext von einem Hetero-Typ die Rede ist, aber es erfüllt seinen Zweck. Es hilft den angesprochenen

Personen, ihr Gesicht zu wahren. Zudem gibt ihnen das Angebot, sich von einem Mann französisch verwöhnen zu lassen, ein angenehmes Sicherheitsgefühl, da sie jener in Aussicht gestellten sexuellen Aktion nur *passiv* beiwohnen würden. Dies beruhigt die Männer vor allem hinsichtlich ihrer Angst, sich mit einer Geschlechtskrankheit anzustecken (ein weit verbreitetes und oftmals übersteigertes Angstsyndrom bisexueller Männer), und zudem fühlt sich so manch bisexueller Mann bei dieser Sexvariante dann auch weniger *entmannt*. Es ist nun einmal tatsächlich so, daß es viele *heterosexuelle* Männer gibt, die sich gerne von schwulen Männern französisch bedienen lassen, die aber trotzdem darauf bestehen, weder schwul noch bisexuell zu sein. Diese Anzeige wurde selbstverständlich nicht in einem schwulen Magazin veröffentlicht. Dies mag auch den relativ geringen Rücklauf von nur 22 Briefen (bei 3 Schaltungen) erklären, von dem hier im folgenden 5 Briefe abgedruckt sind. Insbesondere bei diesem Inserat drückte sich die Mehrheit der Kontaktsuchenden ziemlich nichtssagend aus, so daß eine Veröffentlichung in diesem Buch keinen Sinn gemacht hätte. *(Seite 60-63)*

4. ANZEIGE

Sehr junger Boy, 17/178/60, möchte in die schwule Liebe eingeführt werden. Zeigst Du mir, wo es lang geht?

Was für ein Lockruf, welch ein Echo! Nicht weniger als 91 Antworten flatterten uns im Laufe von wenigen Wochen zu diesem Inserat ins Haus. Und dies ist um so erstaunlicher, wenn man weiß, daß diese Annonce in einem Magazin mit einer niedrigen Auflage geschaltet wurde. Was sagt uns das? Frischfleisch ist begehrt! Und die geköderten Interessenten wußten in aller Regel auch um die gewaltige Lawine, die unser junger Boy mit seiner Annonce losgelöst hatte. In einigen der Zuschriften fanden sich dann auch ganz konkrete Anspielungen hierzu wieder, wie z.B.: „Hier kommt die 231te Antwort auf Deine Anzeige“, oder: „Toll wär es, wenn ich trotz der vielen Zuschriften eine Chance hätte“. Zudem fiel uns eine negative Eigenart innerhalb einiger Zuschriften auf. Die Verfasser diverser Zuschriften *pflegten* einen sich anbiedernden oder gar weinerlichen Schreibstil. Viele der Kontaktsuchenden stellten sich unserem Sprößling auch gleich als der große Beschützer vor. Sie sprachen eindringliche Warnungen gegenüber der schwulen Szene und auch dem schwulen Manne aus. Da wurde z.T. geheuchelt, was das Papier eben so hergab.
Was uns aber am nachdenklichsten stimmte, war das auffallend große

Interesse daran, (vor allem der älteren Kontaktsuchenden) mit einen konkretem Beziehungswunsch an den Jugendlichen heranzutreten. Dieses Inserat läßt diese Option zwar offen, spricht aber doch eher für eine einmalige Romanze als für eine tiefgründigere Beziehung.
Wir stellten uns die Frage, was sich wohl hinter diesem Wunsch verbirgt, ausgesprochen von Männern, die oftmals viel älter sind als unser fiktiver Jüngling. Und so vermuten wir hinter diesem Begehren nicht selten den verträumt-verklärten Versuch, die eigene Blütezeit durch diesen jungen Menschen wiederzubeleben; die verlorene Reinheit und Unverdorbenheit und somit all die gelebte Zeit ganz allein durch die Gegenwart seiner Jugendlichkeit zurückzugewinnen. Als eine weitere Möglichkeit wäre ein mangelndes Selbstwertgefühl dieser Männer, welches vor gleichaltrigen Sexualpartnern zurückschreckt, in Betracht zu ziehen.
Und obgleich einige der Kontaktsuchenden in ihren Zuschriften eindringlich vor der schwulen Szene warnen, darf man die Vermutung anstellen, daß sie selbst sich oft und ausgiebig eben in jener Szene ausgetobt haben. Und von eben dieser Szene wollen sie sich nun gequält abwenden, da sie sich nach unzähligen kalten Orgasmen eine Erneuerung ihrer stumpf*geriebenen* Gefühligkeit ersehnen. *(Seite 64-71)*

5. ANZEIGE

Devoter und hübscher, unbehaarter Lehrling (schlank) ersehnt sich eine absolut tabulose Erziehung. Alles ist möglich - keine Tabus!

Ein hübscher Lehrling bietet sich als ein fleischliches Spielzeug für eine absolut tabulose Erziehung an. Das klingt gut, zumal der Lehrling mit verheißungsvollen Attributen aufwarten kann: Er ist unbehaart, hübsch und schlank! Ansonsten aber verzichtet unser menschlicher Köder darauf, in seinem Text auf weitere Einzelheiten einzugehen; verliert z.B. nicht ein einziges Wort darüber, wie denn die Erziehung letztlich auszusehen hätte. Das war natürlich eigens von uns so arrangiert, denn auf diesem Wege konnten wir die 82 Interessenten eher dazu veranlassen, ihren Phantasien freien Lauf zu lassen. Die 31 aufschlußreichsten Zusendungen finden Sie nunmehr in diesem Buch wieder. Denkbar breitgefächert präsentieren sich sodann auch die schriftlichen Vorschläge der Kontaktsuchenden, gespickt mit diversen *Erziehungsmaterialien.* In den vielen, z.T. abgründigst verfassten Briefen ist von körperlicher Züchtigung und Drill die Rede; von Fesselungen und Folter; von Vorführungen und Klistieren, von Faustfick und Elektroschocks, von zu erbringenden Leck-

diensten und Face-Sittings, um an dieser Stelle nur einige der Phantasiegebilde all jener Männer anzuführen. Aber am besten tauchen Sie selbst in diese bizarre Welt ein, um zu erfahren, was unserem Lehrling alles hätte widerfahren können, wenn er sich tatsächlich in die *Obhut* einiger unserer Erzieher begeben hätte.
Einige der kontaktsuchenden Personen, und zwar oftmals die, die sich in ihren Briefen betont dominant auszudrücken versuchen, entpuppen sich bei genauerer Hinsicht eher als der krasse Gegensatz eines klassischen Herrschertyps. Versuchen Sie ruhig einmal die *Pseudomeister* innerhalb dieser 31 Zuschriften zu entlarven; es ist gar nicht so schwer. Manchmal verrät sich der Verfasser schon durch einen einzigen Satz, ja, durch ein einziges Wort. In diesem Zusammenhang sollte man auch wissen, daß insbesondere ältere Männer sich häufig als Meister oder Erzieher ausgeben, ohne aber tatsächlich ein solcher zu sein. Und darf man es ihnen übel nehmen? Sie reagieren schließlich nur auf die unbarmherzigen Überlebensbedingungen innerhalb des schwulen Kontaktdschungels. Und in diesem Dschungel besagt eine Regel, daß man als alternder, devoter schwuler Mann (vor allem wenn man sich für einen jüngeren Sexpartner interessiert) kaum eine Chance hat. Dies ist wohl ein Grund dafür, warum viele ältere Männer zum Herrscher wider Willen mutieren.
(Seite 72-99)

6. ANZEIGE
Williger und tabuloser Bengel sucht Anstellung als Hausboy (vielseitig verwendbar). Ich verrichte alle Arbeiten und stehe Dir gerne auch als unterwürfiger Sexdiener (auch für extreme Sexspiele) zur Verfügung.

Da wir mit der Ausbeute des vorangegangenen Inserats mehr als zufrieden waren, entschieden wir uns kurzerhand, noch einen weiteren Schritt in diese Richtung zu gehen. So gestalteten wir eine Anzeige mit magnetischer Wirkung. Dieses Inserat strotzt nur so von Begriffen, in die sich einiges hineininterpretieren läßt, wie z.B.: Bengel, tabulos, unterwürfig, Hausboy, extrem, Sexdiener. Mit diesem exquisiten Menü, so dachten wir uns, sollten sich nun auch die Liebhaber außergewöhnlicher und abgründiger Sexphantasien einfangen lassen. Und unsere Vermutung bestätigte sich. Zu diesem Kontaktgesuch erreichten uns viele detaillierte Antworten, die oft mit sehr präzisen Schilderungen die sexuellen Phantasien der Verfasser wiedergegeben haben. Wir haben insgesamt 13 (von 41 erhaltenen Briefen) in diesem Buch aufgenommen. Dabei beträgt das Durchschnittsalter der Interessenten (einschließlich der Kontaktsuchenden, all der in diesem Buch nicht berücksichtigten Interessenten) ca. 49 Jahre. Die beiden Briefe am Ende dieser Abteilung, nebst dem ihnen anhängenden Sklavenvertrag, verdeutlichen auf eindringliche Weise, inwieweit manche der Phantasien (würde man sie tatsächlich realisieren) die Zerstörung der Persönlichkeitsstruktur beinhalten. *(Seite 100-117)*

7. ANZEIGE

Junger Meister, 27/188/78, 21x6, teilrasiert, sucht den absolut unterwürfigen Sklaven für konsequente Erziehung.

Es fand ja bereits an anderer Stelle dieses Buches Erwähnung, daß vor allem ältere schwule Männer beim Sex häufig die Rolle des aktiven, dominanten Parts übernehmen (müssen). Der jüngere Meister- oder Erziehertyp (bis zum ca. 30. Lebensjahr) tritt hingegen weitaus seltener in Erscheinung (bitte lesen Sie hierzu auch den Begleittext zum Inserat Nr. 4). Wir haben also mit dieser Annonce eine kleine Rarität ins Rennen geschickt, und dementsprechend gewaltig war die Resonanz hierauf. Nur leider konnten wir mit dem Inhalt der meisten Zuschriften nicht viel anfangen. Sie müssen sich solche Briefe etwa wie folgt vorstellen: Der Kontaktsuchende stellt sich namentlich vor, nennt dabei sein Alter, seine sexuellen Vorlieben (meist in szenetypischen Kürzeln), und ist somit auch schon am Ende seiner Zuschrift angelangt. Ach, in diesem Zusammenhang möchten wir eine Frage bezüglich eines *Kürzels* an Sie richten: Was meinen Sie eigentlich zur Länge des Gentiales unseres vermeintlichen Meisters? Auf jeden Fall ist seine Größenangabe gar nicht mal so ungewöhnlich, zumindest nicht für eine Kontaktanzeige. Innerhalb schwuler Kontaktmärkte liegt die durchschnittliche Länge eines männlichen Gliedes nun einmal weit über dem eigentlichen und statistisch errechneten Bundesdurchschnitt, sollte man wissen.
Und können Sie eigentlich mit dem Begriff *Briefwichser* etwas anfangen? Nein? Es kann nämlich gut möglich sein, daß wir eine Zuschrift eines solchen *Verbalerotikers* in dieser Abteilung wiederfinden. Lesen Sie sich doch einmal den Brief von Christian aufmerksam durch, und Sie kommen diesem Phänomen vielleicht auf die Spur. Diese Briefe kennzeichnen sich nämlich oft durch einen ausschweifenden, erzählerischen Stil aus. Wobei nicht der Kontaktwunsch im Vordergrund steht, sondern vordergründig das Schreiben selbst, als eine Form der sexuellen Befriedigung. So sind wohl auch an anderen Stellen dieses Buches sogenannte *Briefwichser* am Werk. *(Seite 118-133)*

8. ANZEIGE
Vorzeigbarer schlanker Boy in aufregenden Dessous und verführerischen Strapsen steht ihm für diverse Spielchen zur Verfügung.

Auch mit dieser Anzeige sollte nicht ausschließlich der homosexuelle Mann angesprochen werden. Denn man weiß, daß vor allem bisexuelle Männer auf Transvestiten stehen, sprich: auf Männer, die z.B. Strapse & Nylons (Frauenkleidung) tragen. Bei dieser Form der Sexualität hat der bisexuell veranlagte Mann die Möglichkeit, seine beidgeschlechtliche Neigung voll ausleben, da er sich gleichsam mit dem maskulinen wie auch dem femininen Part vereint sieht. Diese Annonce haben wir in der auflagenstärksten Kontaktbörse Deutschlands (nebst Foto) veröffentlicht. Und von insgesamt 21 Zusendungen haben wir die 9 aussagefähigsten Briefe herausgesucht. Darunter befindet sich auch der Brief eines Transvestiten sowie die Zuschrift zweier ausgesprochener Nylon-Fetischisten. Diese beiden Männer suchen eigentlich nur eine charakterlose Körperhülle, die sie von Kopf bis Fuß in Nylon stecken können. Und somit verkommt der vermeintliche Sexualpartner zum Boten ihres begehrten Reiz*stoffes.(Seite 134-141)*

9. ANZEIGE
Er (22) mit Faible für Füße und Fußsex sucht gleichgesinnten Boy oder Mann zum gemeinsamen Ausleben unserer Phantasien.

Während in dem vorangegangenen Inserat eher beiläufig ein Fetisch bedient wurde, so ködert diese Annonce nun bewußt mit einem Fetisch; nämlich dem Fußfetichismus. Die Anbetung dieses *betörenden Boten* kann bei den Heterosexuellen auf eine lange Tradition zurückblicken. Es gibt seit jeher eine Gruppe von Männern, die dem weiblichen Fuße förmlich verfallen sind; die ihn regelrecht vergöttern. Die Frauen tragen selbst heute noch überwiegend unbequeme und oftmals zu kleine Schuhe, obgleich ihnen alle negativen Begleiterscheinungen bekannt sind. Warum tun sie das? Viele Frauen nehmen diese *Qual* nur deshalb (oft unterbewußt) auf sich, weil sie eben jenen Fetisch bedienen.
Wir wollten nun aber unbedingt wissen, ob der Fuß als Fetisch denn auch bei homosexuellen Männern funktioniert. Und hierzu auch gleich folgende Frage: Warum vergöttert *Mann* Füße? Der Inhalt der hier veröffentlichten 6 Briefe von *Fußliebhabern* gibt Hinweise auf mögliche Antworten.

Psychologisch sehr aufschlußreich offenbart sich uns die Zuschrift von Marek. Er durchlebte nämlich während seiner Kindheit eine ihn sexuell stimulierende Schlüsselszene mit seinem älteren Bruder. Man kann davon ausgehen, daß er in seinem weiteren *sexuellen Werdegang* an dieser Prägung festzuhalten versucht. Dieses Verhalten stellt beileibe keine Seltenheit dar, denn die allermeisten Menschen suchen zeitlebens nach einer ständigen Wiederholung ihrer ersten sexuellen Eindrücke.
(Seite 141-144)

10. ANZEIGE
Schüchterne, aber willige Bi-Boy-Hure sucht die ersten Erfahrungen mit einem aufgeschlossenen (evtl. dominanten) Bi-Pärchen.

Hier findet eine Vermengung von Homo- und Heterosexualität statt. Von daher wurde diese Anzeige auch nicht in einem schwulen Magazin veröffentlicht. Der Rücklauf auf dieses Inserat verlief relativ enttäuschend. Obgleich wir obigen Anzeigentext in drei verschiedenen Magazinen geschaltet haben, erreichten uns hierzu gerade einmal 17 Zuschriften, wovon wir 4 mit ihrem Originalwortlaut in diesem Buch veröffentlicht haben. Der Zufall will es, daß wir uns an dieser Stelle dazu berufen fühlen, Sie eindringlich vor dem Gebrauch unsicherer Sexualpraktiken zu warnen. Denn unter den auf dieses Inserat eingetroffenen Zuschriften findet sich auch die von Karin und Rüdiger wieder. Dieses Ehepaar weist nun in seinem Brief ausdrücklich auf sein ausgeprägtes Gesundheitsbewußtsein hin. Und nun zum Zufall: Uns erreichte ein weiterer Brief mit gleichlautender Adresse (unterschrieben diesmal nur von Rüdiger) auf das Inserat Nr. 13 (Boy braucht Geld!). Wenn Sie diesen Brief lesen, werden Sie über das „ausgeprägte Gesundheitsbewußtsein" dieses Mannes aufgeklärt.Uns stellt sich als Betrachter hierbei die bange Frage, ob Rüdigers Ehefrau von dem mangelnden Verantwortungsgefühl ihres Mannes weiß? Also, verlassen Sie sich niemals auf irgendwelche schriftlichen oder mündlichen Zusagen diesbezüglich. Denn gerade Personen, die überwiegend unsicheren Sex praktizieren, versuchen auf diesem Wege das Vertrauen unbekannter Sexualpartner zu gewinnen. *(Seite 145-147)*

11. ANZEIGE
Er (34), durchschnittliche Erscheinung - sehr beherrschend und extrem versaut und abartig, erzieht devoten Ihn zum gehorsamen Toilettensklaven.

Als Zielgruppe waren in diesem Falle devote schwule Männer mit der Vorliebe für Dirty-Sex ausgemacht. Doch obgleich hier ganz eindeutig eine Minderheit angesprochen wird, erreichten uns immerhin noch 20 Zuschriften, von denen hier 5 im Wortlaut wiedergegeben sind. Nun mag der Ausflug ins Fäkalreich mit Sicherheit nicht jedermanns Sache sein, aber es gehört unseres Erachtens unbedingt in diese Materialsammlung mit aufgenommen. Denn die Lust auf Besudelung ist ein weit verbreitetes Phänomen. Und dabei spielen nicht nur die Ausscheidungsprodukte Urin und Kot eine Rolle, sondern ebenso Spucke, und in den letzten Jahren zunehmend auch Erbrochenes. Unter den Heterosexuellen finden sich zudem einige „Gourmets", welche auch das Regelblut einer Frau in ihre Sexphantasien mit einbeziehen.
Man findet gerade im Dirty-Sex-Bereich viele Verbaltäter, also solche Personen, die sich allein mit der Beschreibung ihrer Phantasien begnügen. Die Praktizierung von Dirty-Sex findet man oftmals in Rollenspiele eingebunden. Die Liebhaber dieser Varianten haben meistens ganz konkrete und sehr detaillierte Vorstellungen darüber, wie die *Besudelung* abzulaufen hat. Dieses macht uns z.B. das letzte Antwortschreiben auf dieses Inserat sehr deutlich. *(Seite 148-151)*

12. ANZEIGE

Er, Boy, schlank, schmächtig, unbehaart, devot und sauschweinisch sucht Abrichtung zum „Toilettenboy". Bin auch an einer Erziehung zum Bettnässerboy interessiert.

Auch bei dieser 12. Anzeige steht die Praktizierung von Dirty-Sex im Vordergrund. Allerdings haben wir diese Anzeige mit einem nicht unerheblichen Zusatz versehen. Durch die Einbindung des Wortes *Bettnässerboy* haben wir uns nämlich erhofft, einen Schriftverkehr über kindliche oder pubertäre Prägungen bezüglich des Sexualverhaltens anzuregen. Allerdings ist uns dieses Vorhaben nur teilweise gelungen. In diesem Zusammenhang brachten insbesondere die beiden umfangreichen Briefe von Frank einige aufschlußreiche Einblicke über frühkindliche Prägungen hervor. Frank hatte seinen beiden Briefen jeweils einige Polaroid-Fotos beigelegt. Hierzu folgendes: Wir haben nach Möglichkeit alle erhaltenen Foto-Zusendungen an die jeweiligen Absender zurückgeschickt. Auf dieses Inserat erreichten uns insgesamt 27 Zuschriften, wovon wir 10 Briefe mit ihrem Originalwortlaut in dieses Buch aufgenommen haben. *(Seite 152-164)*

13. ANZEIGE
Süßer Jüngling (19) unschuldig in Not geraten, braucht dringend Kohle. Ich mache auch wirklich alles dafür. Bitte helft mir!

Kein Pardon für unseren Jüngling. Denn wer hier animmt irgendeiner der 19 Kontaktsuchenden würde unserem jungen Mann das fehlende Geld schenken wollen, sieht sich getäuscht. Nur gut für unseren Lockvogel, daß er nicht wirklich in einer finanziellen Sackgasse steckt, denn ansonsten müßte er sich das fehlende Geld wohl oder übel durch Sexdienste zusammenraufen. Solche Anzeigen tauchen ja tatsächlich hin und wieder in den verschiedenen Kontaktmärkten auf. Und wir haben unseren Anfangsverdacht leider bestätigt gefunden. Auf Inserate dieser Art erhält der *Notleidende* fast ausnahmslos unseriöse Angebote. Bei unserer Dokumentation haben die Kontaktsuchenden sogar allesamt Sex als Gegenleistung für Geld verlangt. Damit haben wir mit diesem Inserat zumindest eine makabre Form der *Nächstenliebe* dokumentieren können.
(Seite 165-170)

14. ANZEIGE
Schmerzgeiler Zögling sehnt sich nach Peitschenhieben und Rohrstockbehandlung. Wer legt mich übers Knie?

Ein schmerzhaftes Ende bleibt Ihnen nicht erspart. Diese Annonce gehört als einzige, von allen hier aufgeführten Inseraten, in den Sadomaso-Bereich. Diesbezüglich gibt es immer wieder Irritationen, da nicht selten die devote Neigung mit einer masochistischen Neigung verwechselt oder aber einfach miteinander vermengt wird. Auch in einigen Briefen innerhalb dieser Veröffentlichung offenbart sich dieses weitverbreitete Mißverständnis. Es verhält sich nun aber tatsächlich so, daß ein Mann, der verbal erniedrigt werden möchte, deshalb noch lange nicht geschlagen werden mag; und ein Mann der geschlagen werden will, deshalb nicht unbedingt auf verbale Erniedrigung ansprechen muß. Eigentlich logisch, oder? Und trotzdem führt es immer wieder zu Fehlinterpretationen, gerade auch unter den Personen, von denen man eigentlich annehmen könnte, daß sie es wissen sollten.
Daß wir auf dieses Inserat gerade einmal 16 Zuschriften erhalten haben, mag auch daran liegen, daß wir diese Anzeige nicht in einem, speziell dafür auf den Markt geworfenen, SM-Magazin veröffentlicht haben. So fällt der Inhalt der 4 hier abgedruckten Antworten dann auch verhältnismäßig harmlos aus. *(Seite 171-174)*

Und zum Schluß noch ein paar Zahlen:

In den 159 uns vorliegenden Briefen findet sich, sage und schreibe 302 x das Wort *geil* (auch unter Einbindung anderer Wortbauteile, wie z.B.: supergeil, geilsten, Geilheit usw.) wieder.
Weiterhin fand 116 x der *Schwanz*, 4 x der *Penis*, 3 x die *Stange*, 2 x der *Kolben*, sowie 2 x der *Prügel* und 3 x die *Latte* in den Zuschriften Erwähnung. Vom *Glied* hingegen ist nur einmal, vom *Genital* sogar nicht ein einziges mal die Rede.
Den verlängerten Rücken ereilte ein ähnlich hartes Schicksal, denn er wurde 101 x als *Arsch* benannt, aber im Vergleich dazu nur spärliche 5 x als *Hintern* umschrieben.
So verwundert es dann auch nicht weiter, daß in den Briefen zwar 53 x vom *Ficken*, 4x vom *Bumsen* und immerhin 1x von *Durchnudeln* die Rede ist, aber in nicht einer der Zuschriften wird der Analverkehr namentlich erwähnt.
Und dieses Phänomen nennt sich Verbalerotik.

Die 159 Briefe im Originalwortlaut

HINWEIS : BITTE BEACHTEN !

Wir möchten Ihnen noch einmal ausdrücklich die Echtheit sämtlicher hier abgedruckter Briefe garantieren. Es wäre einem einzelnen Menschen auch vollkommen unmöglich, sich eine solche Fülle von verschiedenartigen sexuellen Phantasien auszudenken und sie dann noch in so unterschiedlicher und stilistisch stark voneinander abweichender Form zu Papier zu bringen. Es wurde lediglich auf die Veröffentlichung der Originalnamen verzichtet. Außererdem wurden in manchen Fällen einige persönliche Details leicht verfremdet, um die Anonymität jeder einzelnen Person zu wahren. Ansonsten aber wurden die Briefe allesamt in ihrem Originalwortlaut übernommen, um somit dem Leser ein möglichst authentisches Bild wiederzugeben. Lediglich grobe Rechtschreibfehler, die das Verständnis beim Lesen stark beeinträchtigen würden, wurden von uns behutsam ausgeglichen. Wir haben uns zudem auf eine durchgängige Großschreibung der Anredeformen innerhalb aller Briefe festgelegt.

ER, ATTRAKTIVER SOWIE AUFGESCHLOSSENER, SCHLANKER, 32 JÄHRIGER MANN SUCHT EINEN ETWA GLEICHALTRIGEN FREUND FÜR BEZIEHUNG.

Hallo, unbekannter Mann!

Habe Deine Anzeige gelesen und finde daß wir uns kennenlernen sollten.
Nun ein paar Daten über mich: Mein Name ist Chris, bin 34 Jahre alt, fühle mich aber bei weitem noch nicht wie 34 Jahre.
Meine Maße: 180/80, 17x5. Ich stamme aus dem Raum München, wohne aber nun seit 5 Jahren in Kaiserslautern. Bin vom Beruf Versicherungskaufmann und staatlich ex. Krankenpfleger und seit dem...... selbständig.
Ich stehe darauf, Unsinn zu machen und viele diverse Verrücktheiten. Ich kann aber auch ernst sein, wenn es darauf ankommt.
Ich mag Romantik, Zärtlichkeit, bin anpassungsfähig, ehrgeizig, nett, humorvoll, natürlich und zuverlässig.
Meine Hobbys: Autos, Billard, Golf, Minigolf, Reisen, Städtereisen, Natur, Ausgehen, Kino, Theater und Politik und Wirtschaft.
Da ich bis Ende 1995 viel für meinen Vater tätig war, bin ich viel ins Ausland gekommen. Hauptsächlich Italien, Griechenland, Kanarische Inseln, Saudi-Arabien, Kuwait und die Vereinigten Staaten. Ich fahre auch jetzt noch gerne in diese Länder, da jedes Land für mich seinen eigenen Reiz entwickelt hat.
Im sexuellen Bereich stehe ich unheimlich auf die kalorinenarmen Zuckerstangen. Es macht mich so richtig geil wenn ich einen süßen geilen Schwanz mit dem Mund verwöhnen kann.
Ich suche auf jeden Fall einen lieben netten ehrlichen Freund mit dem ich etwas erleben kann, und das nicht nur im Bett.
Gemeinsam läßt sich die Welt erobern! So, ich glaube, ich habe Dich für heute genug gelangweilt. Ich würde mich unheimlich über Post von Dir freuen oder einen Anruf. Bis dahin alles Gute

Chris

Hi...

ich bin der Kai! Heute habe ich die...... bekommen und darin Deine Anzeige gelesen.
Heyyyy...... Dein Bild und Dein Text gefällt mir wirklich sehr gut. Schon beim Lesen wurde mir richtig wohlig ums Herz; und verzeih - ich bekam eine Latte.
Ich möchte sehr gerne einen Mann kennenlernen, und würde Dir gerne alles geben, was Du willst! Ich bin kein S/M Typ, aber sonst flexibel und für alles bereit.
Okay, noch ein paar Worte zu mir, damit Du weißt, mit wem Du es zu tun hast:
Eigentlich bin ich vom Typ her eher zurückhaltend und nicht der klassische Szenetyp. Ich mag nicht die Anbaggerei in der Disco, weil dort sowieso oft die falschen Typen herumlaufen.
Aber wenn ich Dir jetzt schreibe, habe ich den Vorteil Deine Bilder zu sehen und kann meine eigene Phantasie dazu entfalten.

Ich bin 37,174, 63 Kg, mit blonden z.Zt. mittellangen Haaren, blaue Augen. allerdings sehe ich jünger aus?! Zur Zeit arbeite in an der Universität in Hannover. Aber ich bin motorisiert. Ich mag sehr sportliche und schlanke Typen. Dabei können sie ruhig ein bißchen größer sein als ich.

So typische „One night Stands" mag ich nicht, sind mir zu blöd.Hier in Hannover gibt es natürlich jede Menge Möglichkeiten ein "One night stand" zu haben...... worauf ich aber wirklich keinen Bock habe.

Ich möchte wieder einmal sehr erotischen und geilen Sex haben, daß geht aber nur, wenn ich den anderen schon ein bißchen kenne. Sonst macht es keinen Spaß.
Wenn Du willst, laß uns schreiben und uns kennenlernen...und nach kurzer Zeit können wir uns auch gegenseitig besuchen...was hältst Du davon?

Schreib mir welchen Sex Du magst, soft oder hart, vielleicht in Klamotten oder mit irgendwelchen Tools....?????
Okay, ich mache hier erst einmal Schluß. Ich würde mich sehr freuen von Dir zu hören

Bitte schreibe mir auch, wenn Du kein Interesse hast (ich glaube, daß das fair ist !?) Übrigens bin ich sehr aufgeschlossen für eine richtige Freundschaft.

Okay, ich hoffe, Dir gefallen die Bilder. Leider habe ich im Moment nur eingescannte Fotos von mir, aber wenn Du antwortest, werde ich Dir ein Originalfoto nachentwickeln, okay !?

Ich wünsche Dir noch viel Spaß auch mit den anderen Zuschriften

Bis bald

Kai

Hi Unbekannter !

Ich habe Deine Anzeige bei einem Bekannten von mir gelesen. Die Anzeige hat mich sehr neugierig gemacht. Ich habe mir heimlich die Chiffrenummer notiert, damit er nichts davon bemerkt. Sonst hätte er Dir womöglich auch geschrieben (nur um mich zu ärgern!).
Ich möchte mich sehr gerne mit Dir treffen.
Mein Name ist Fernandes,
aus Südamerika(1970 geboren).
Ex Ballettänzer - wohne zur Zeit in Lüneburg und ich studiere hier auch Modedesigner.
Tja, wir können uns treffen bei mir oder bei Dir.
Ich bin treu und erwarte ebenso absolute Treue - mag aber keine allzu lange Vorlaufzeit.
Hauptsache ist doch, daß wir Geilheit und Spaß zusammen haben.
Ich lege ein Bild von mir bei, mit der Bitte es mir bei Nichtbedarf zurückzuschicken.
Wenn Du kein Interesse hast dann - Let me know !

Bis bald

Fernandes

Hallo !

Als ich Deine Anzeige (Bild) gesehen habe, sind mir fast meine Augen ausgefallen. Du bist sehr attraktiv und siehst ganz bezaubernd aus, wirklich!
Nun schreibe ich Dir in der Hoffnung daß vielleicht ein Briefwechsel zustande kommt oder wir uns eventuell einmal sehen.
Obgleich, Hamburg liegt ja nicht gerade um die Ecke.
Jetzt zu mir: Ich heiße Marco, bin 29 Jahre alt (zu jung?), 171 cm groß und 74 Kg schwer. Auf dem Bild kannst Du mich in etwa erkennen. Meine Hobbys sind Radfahren, Schwimmen, manchmal Fitness-Studio, Essen gehen, elektronische Basteleien und anderes. Beruflich habe ich mit der Elektronenmikroskopie zu tun.
Bis vor kurzem war ich noch sehr aktiv in der Jugendarbeit unserer Kirchengemeinde; im Kirchengemeinderat bin ich immer noch.
Ich spiele in einer Beziehung gerne den ruhigen Part - Sexuell bin ich aktiv, mag küssen, blasen und alle Arten von Zärtlichkeit - aber keine ausgefallenen Sachen.
Ich stecke momentan noch in einer Beziehung, die allerdings nur noch aus purer Gewohnheit besteht und somit kein wirkliches Hindernis für ein Kennenlernen darstellt!?
Wenn Du möchtest dann schreibe mir

Bis dann

Marco

Hallo fremder Mann,

ich bin ebenfalls ein einsamer Mann auf der Suche nach einem lieben Freund. Bin 27/180/78 und auch ständig geil auf Sex. Aber ich mag nun einmal keine schnellen Sexnummern in Darkrooms oder anderen Einrichtungen.
Ich treibe ein klein wenig Sport und habe auch keinen Bauch, auf der Brust bin ich ein wenig behaart, aber meistens rasiert, genauso wie am Sack und am Arsch, weil ich das geiler finde.

Ich finde Sex an verschiedenen Orten geil, wie im Wald, in der Natur, an gewagten Ortschaften.....
Habe schon oft auf eine Anzeige geschrieben aber nie eine Antwort erhalten - und als ich noch einmal nachfragte, sagten mir die Typen zwar immer das sie mich nett finden würden, aber sie nie meine Adresse und meinen Namen hätten lesen können. Deshalb schreibe ich meine Briefe jetzt mit dem Computer.
Da ich kein Freund von Übertreibungen und Überheblichkeit bin, beschreibe ich mich nur so wie ich wirklich aussehe.
Also, ich heiße Mark und trage eine Brille (aber nicht beim Sex) habe blonde Haare (etwas lichter) bin ständig geil und suche eine Beziehung mit puren Sex ohne viele Verpflichtungen.
Wenn Du also ein Typ bist der bei einer Beziehung klammert, dann melde Dich bitte nicht bei mir.
Alles weitere können wir ja noch besprechen, falls Interesse vorhanden. Nun fällt mir noch das wichtigste ein, da ich Student bin, und noch keine eigene Bude besitze (bin auf der Suche) gebe ich Dir erst einmal nicht meine eigene Adresse.

PS: Ich beantworte nur Antworten mit Aktfoto, eventuell Kopie. Andere sparen sich bitte das Porto!

Mark

An Chiffre......

Ich möchte Dich kennenlernen.
Meine Persönlichkeit: schlank, 28, 174, 55, dunkles Haar.Ich bin zärtlich, gesund, gutaussehend, hübsch, häuslich, geiler Boy, gerne Sex, immer schön passiv.
Ich komme aus Thailand und wohne jetzt in Deutschland.
Ich könnte auch zu Dir kommen zum Wohnen und Leben, wenn Du willst ?   Ich bin ganz sauber !
Willst Du mich? Ich bin immer für Dich bereit!
Ich freue mich auf Deinen lieben Brief.
Mit freundschaftlichen Grüßen

S. H.

Hi,

hier ist er, mein Vorschlag zum versüßen Deines Alltags:Du lernst mich kennen!!!

Vorweg aber die wichtigsten Facts von mir:
Ich heiße Björn, bin 21 Jahre alt, ca.1,78m groß und wiege 72 Kg. Zu meinem Aussehen kannst Du Dir nun ein Bild vom Bild machen, siehe hierzu mein Foto!
(Ich weiß, ist nicht gerade ein Argument mich kennenzulernen!?) Doch in Natura sehe ich natürlich viel, viel besser aus.
Ich wohne in Bergedorf, bei Hamburg, habe aber ein nettes Auto - Entfernung ist also kein Problem.
Mein Freizeit vertreibe ich mit Fitness-Training und Dicso-Touren. Eine ganz bestimmte Sache könnte meine Freizeit aber ganz bestimmt besser gestalten, nämlich Du ?!
Du solltest aber schon einige Dinge mitbringen: Du gehst gerne weg? Du bist nicht auf den Kopf gefallen? Du kannst Dich auch bei Tageslicht sehen lassen (auch ohne Sonnenbrille)?

Wenn Du also Lust hast mich zu sehen, freue ich mich darauf etwas von Dir zu hören.

Rufe mich einfach an.....and let's talk about.....

Ciao Björn

Hallo !

Ich heiße Brad und komme aus Luxemburg. Natürlich hoffe ich vorerst einmal auf Deine Brieffreundschaft. Mein Aussehen: Ich habe sehr lange Haare, bin 27, ein Gewicht von 66 Kg, bei einer Größe von 1,79. Ich glaube eine Superfigur zu haben, da ich fast 15 Jahre extrem viel Sport betrieben habe (Tennis, Schwimmen usw.).
Vor 6 Jahren war ich bei einer Schwimm-EM dabei, hatte jedoch keine Chance. Meine Mitkonnkurenten waren viel zu schnell und außerdem behinderte mich eine aufgeblasene Wasserente (um oben zu bleiben). Nein, nun mal im

Ernst - ich war eben nicht schnell genug!
Meine Hobbys: Wie schon gesagt; viel Sport, Schlaf gehört dazu, Essen - sonst kann ja nichts werden! Ausgehen bis um 2-3 Uhr morgens. Ich sehe morgens auf der Arbeit nicht gerade wie die männliche Schiffer aus, jedoch nehme ich im Laufe des Tages wieder Gestalt an. Bin übrigens kein Morgenmuffel. Am Wochenende geht es dann richtig ab. Meistens komme ich erst dann nach Hause wenn die anderen schon wieder aufstehen. Ich profitiere noch vom Leben. Meistens gehen wir (Freunde) zu Konzerten (auch ins Ausland) oder zum Motorradtreffen.
Ich liebe Hard-Rock, jedoch kann ich mich auch für Vivaldi begeistern, und meine Rübe in die Lautsprecherboxen stecken.
So, ich glaube daß es als Einführung reicht und ich würde mich auf eine Antwort freuen. Späteres Kennenlernen nicht ausgeschlossen.

P.S: Ich habe eine kleine Ähnlichkeit mit dem Sänger von Guns n Roses (Axel).
Wie wär es mit einem Foto von Dir. Ich möchte wissen, mit wem ich es zu tun habe. Kein SM und Kaviar!
Ich bin auch gut bestückt ! Mit geilem Knackarsch!

Dein Brad

Hallo !

Ich suche ebenfalls einen treuen Freund
Zu mir: 32 jähriger netter Mann aus Kiel.
Ich möchte Dich kennenlernen, um vielleicht von Dir zu naschen, und nicht nur Gummibärchen oder Schokolade.
Ich heiße Thorsten und ich bin wie gesagt 32 Jahre alt, bin also 3 Jahre jünger wie Du, aber das macht mir nichts aus.

Ach ja, ich habe braune Haare und bin ein aktiver Typ und für jeden Spaß zu haben. Mit mir kann man sozusagen Pferde stehlen.
Natürlich mag ich SM und Dirty gar nicht!
Um es auf den Punkt zu bringen: Ich bin ein verschmuster

Typ und mag es lieber zärtlich. Na ja, vielleicht ergänzen wir uns ja auch.
Wie stellst Du Dir denn so eine Beziehung vor ?
Treue ist doch wichtig, oder?

Vielleicht bis bald ?

Ciao Thorsten

Hi !

Dich möchte ich gerne kennenlernen!!
Genau solche Typen wie Dich mag ich!!

Störe Dich bitte nicht daran, daß ich diesen Brief mit dem Computer geschrieben habe. Es ist nicht so, daß es ein Dutzendbrief ist. Du kannst ihn nur leichter lesen.
Und hinter einem computergeschriebenen Brief kann auch ein interessanter Mensch stecken:
Ich bin 34 Jahre alt, 1,85 Meter groß, 75 Kg schwer (Größe minus 110, also etwas zwischen schlank und muskulös. Ich bin Bau-ingenieur, Bauleiter für schlüsselfertiges Bauen in Hamburg. Ich habe ganz kurze Haare, einen Schnäuzer, trage eine ganz jecke Designerbrille (Steg türkis und Bügel lila mit gelben Knöpfen) und habe sonnenbraune Haut mit „goldenen" Haaren.
Ich schwimme gerne, fahre Fahrrad und lerne Drachenfliegen. Jetzt möchte ich Fallschirmspringen lernen.
Ich arbeite mit dem Computer und fahre Motorrad. Bis vor kurzem fuhr ich eine Suzuki GSX 1100 offen mit 148 PS, schwarz/silber, aus dem Jahre 1992. Sie wurde mir aber gestohlen. Jetzt fahre ich eine Yamaha FZR 600, 91 PS, in grün/weiß.

Und mit dem Motorrad unternehme ich gerne Wochendtouren.
Mit meinen Studienfreund treffe ich mich am Freitag nachmittag irgendwo an einer Autobahnraststätte und dann fahren wir durch Deutschland. Manchmal besuche ich auch Motoradtreffen und habe dabei sehr viel Spaß, oder ich gehe Zelten. Zu einer solchen Wochenendtor würde ich Dich gerne mitnehmen. Hättest Du nicht Lust, mitzukommen?

Es ist doch immer wieder eine herrliche Situation, abends vor dem Zelt zu sitzen, ein Stück Käse abzuschneiden, ein Stück Weißbrot abzubrechen, Rotwein zu trinken und sich über „Gott und die Welt" zu unterhalten. Anschließend ins Zelt in den Schlafsack krabbeln. Und sexuell bin ich äußerst flexibel. Genausogern wie ich einen Schwanz im Hintern habe, verwöhne ich gerne andere. Für mich gelten nur zwei Grenzen: Es sollte nicht gar so dreckig sein, und ich mag keine Schmerzen. Für mich sind die Begriffe "Vielfalt" und „Phantasie" und „Erleben" viel wichtiger. Ich lege großen Wert darauf, daß der Sex beiden Spaß macht. Und mit 20x5 cm kann man schon etwas anfangen. Demnächst werde ich auch Gruppensexfeten veranstalten. Übrigens bin ich äußerst unkompliziert, pflegeleicht, wasserdicht, geländegängig und brauchbar.
Wie kannst Du mich erreichen? Wenn Du in Köln anrufst, nennt Dir mein Anrufbeantworter meine neue Nummer in Hamburg. Oder schick mir ein Fax nach Köln (bitte das Faxsignal sofort einschalten, damit die Faxweiche das Signal erkennt und dann mein Computer eingeschaltet wird, denn mein Faxgerät ist auch mein PC) Oder scall mich an oder schicke mir ein Email
Also: Bitte, melde Dich! Damit wir uns bald sehen und viel unternehmen können.
Bis bald

Ralf

Hallo !

In der letzten...... fand ich Deine sehr nette Anzeige, und da mir der Inhalt sehr gefallen hat, möchte ich Dir gerne antworten. Ich hoffe sehr auf eine nette und ausführliche Antwort.

Ich wohne erst seit kurzem hier in Hamburg. Deshalb nun auch der Versuch über eine Anzeige einen netten, lockeren und unkomplizierten Freund kennenzulernen.
Aber nun erst einmal zu mir: Ich bin der Uwe, 29 Jahre alt und 1,92 Meter groß und 68 Kilo schwer. Ich bin sehr schlank!Ich bin Verkäufer und befinde mich derzeit in einer Umschulung.
Vom Charakter her bin ich ein sehr romantischer Mann.

Ich liebe alle Arten von Musik und höre auch einmal eine klassische Scheibe.

Ich gehe natürlich auch manchmal in eine Disco um richtig zu schwofen. Mitunter gehe ich auch ins Theater oder in die Oper. Mein großes Hobby ist der Computer. Ein weiteres Hobby von mir, sind Travestie-Shows, die ich unter dem Namen ....., durchführe.
Außerdem sammle ich Videofilme, vom Krimi bis hin zum gewöhnlichen Spielfilm, und neuerdings auch Pornofilme.
Ich habe auch eine Videokamera, und es wäre doch schön wenn wir beide gemeinsam vor der Kamera posieren würden.
Wenn wir Freude miteinander haben wollen, so soll gemacht werden was uns beiden Spaß macht.
Man sollte über Ängste und Probleme reden und das Vertrauen des anderen gewinnen. Und immer daran denken: Nicht jeder Tag im Leben eines Freundes ist nur Sonnenschein!

Ich hasse: Überheblichkeit, Unehrlichkeit, Egoismus und wenn man mich ausnutzt. Wenn Du mir offen und ehrlich geschrieben hast, dann sollten wir uns kennenlernen.
Doch ich sollte vielleicht auch noch über das nicht unwichtige Thema „Zärtlichkeit & Sex" schreiben:
Ich bin ein sehr zärtlicher Typ. Ich mag blasen und küssen (das ist mir sehr wichtig!) Ich lasse mich auch gern anal verwöhnen. Dabei kann dann ruhig etwas Leder ins Spiel kommen, auch Ringe, kleine Riemen, Sackteiler und ähnliches. Etwas dominant rangenommen zu werde, fänd ich auch klasse, muß aber nicht!

Wir können alles miteinander tun was wir wollen. Wir können alles tun und lassen was uns Spaß macht. Hinterher sollen wir ja schließlich beide sagen können: „Das war eine tolle Bereicherung"

Gruß

Uwe

Hallo Unbekannter

Du suchst einen Freund oder so etwas ähnliches ? - ich auch !
Zu mir: 30/178/72 (Rest: siehe Foto). Ich bin total ehrlich und lieb, wobei mir die Ehrlichkeit bei anderen Menschen auch sehr wichtig ist. Die Wahrheit kann ich immer vertragen. Auf Szenentunten kann ich gar nicht! Denn ich bin lieber selbstkritisch, als von mir abzulenken, wie viele, der Szene-Tratschen. Ich mag auch nicht über Gott und die Welt lästern.
Beim Sex mag ich ganz besonders aktives und passives Arschficken und blasen. Ausschließliches blasen finde ich allerdings recht öde. Mag auch alles was mit Zärtlichkeit zu tun hat (Kein SM und Dirty). Obwohl ich sicherlich schon einige Typen genossen habe, will ich hier nicht von „erfahren" reden, da jeder Mensch irgendwie trotzdem Neuland ist.
Wenn Du also Lust hast mich kennenzulernen, schreib mir doch ein paar Zeilen, und per 49.- DM Ticket von der Bahn kann man sich dann in Hamburg treffen. Ich hätte dann auch kein Problem damit, wenn Du mich nach einem Kaffee verabschieden solltest, denn ich wollte mir die Stadt sowieso einmal anschauen.
Wenn kein Interesse besteht schicke mir die Fotos bitte retour.

Bis dann

Jens

Hallo

ich habe Deine Anzeige in der...... gelesen und hätte großes Interesse Dich kennenzulernen.
Sicherlich bin ich nicht der einzige, der Dir schreiben wird, aber ein
Versuch ist es wert.
Ich heiße Johannes und bin 28 Jahre alt. Den Rest kannst Du dem Foto entnehmen. So hast Du wenigstens die Möglichkeit, Dir einen kleinen Eindruck zu verschaffen, wer Dir diesen Brief schreibt.

Ich wohne hier in......, was ca. 10 Min. mit dem Auto von Frankfurt/Main entfernt liegt.
Ich arbeite in einer Fluggesellschaft am Flughafen Frankfurt.Mit diesem Job verbindet mich auch gleich mein Hobby.Flughafenatmosphäre, Flugreisen und Flugzeuge.Zu meinen weiteren Hobbys zählen Brieffreundschaften weltweit, Faulenzen, Sonne und geiler Sex.In Sachen Sex bin ich sehr flexibel und stehe auf alles, was beiden Spaß macht. Stehe auch neuen Dingen offen gegenüber!
Nun ja, dies solls fürs erste gewesen sein.
Bei Interesse folgt mehr.
In diesem Sinne vielleicht bis bald ?

Johannes

Hi,
heute habe ich Dein Inserat gelesen und möchte Dich kennenlernen.
Zu mir: 32 Jahre alt, 179 cm groß, 62 Kg schwer, sportlich, schlank, blonde Haare. Ich bin sehr aktiv. Ich möchte Dich gern ausgiebig ficken, Dir einen blasen bis Dein Sperma kommt und Deinen Rücken ausgiebig massieren. Ich bin nicht zu hart. Auch hätte ich Lust Dich als meinen Freund zu haben. Ich bin sehr sauber und immer geil. Ich kann drei bis viermal hintereinander abspritzen. Kein Szenegänger! Aber auch sonst können wir Spaß haben wenn Dir danach ist und miteinander reden. Also melde Dich recht bald damit wir uns unverbindlich kennenlernen können.

Ciao Tom

WER WILL MICH ??? - BOY, 24/178/63 UND WIRKLICH GUTAUSSEHEND, WILL VON DIR GEIL DURCHGEFICKT UND ANSCHLIEßEND VOLLGESPRITZT WERDEN. ICH BIN UNKOMPLIZIERT UND NUR AN SEX INTERESSIERT!

Hallo geiler Freund

Wir haben Deine Anzeige in der...... gelesen und möchten nun auf Deine Anzeige antworten.
Wir wollen Dich, mit Dir Ficken, Wichsen, Blasen, Schmusen, Kuscheln und Streicheln. Wir spritzen Dir unsere geile Ficksahne wohin Du willst und machen mit Dir alle Sexspiele zu Dritt, außer Gewalt und Poppers, darauf stehen wir nicht!
Wir nehmen Dich überall! Wenn wir geil sind, ficken wir Dich zu Hause oder im Campingbus oder im Wald......eben wo sich die Gelegenheit bietet.

Wir machen uns gegenseitig geil, z.B. mit aufgeilender Kleidung oder geilen versauten Spielchen - bis wir uns schließlich gegenseitig an die Wäsche gehen. Selbstverständlich bewegen wir uns nackt oder haben kaum etwas an. Nicht nur zu Hause, sondern auch im Wald oder am Strand wollen wir Sex. Nicht aber auf dem FKK-Strand (das wäre ja auch ziemlich langweilig).

Wir, das ist Mark, 22 Jahre, sehr aktiv und versaut und spritzfreudig und Kurt 54 Jahre alt, der versauteste und geilste von uns beiden. Er findet immer einen Weg oder eine Gelegenheit für geile Spiele.

Ruf uns an, das geht am schnellsten.

Mit geilen und spritzigen Grüßen

Mark & Kurt

Hallo

Nachdem ich mich an Deiner Anzeige total aufgegeilt habe, bin ich gleich in den Copy-Shop gegangen, um Dir eine Kopie von einem Foto von mir zu machen, damit Du siehst wer Dir so schreibt. (Aktfotos habe ich leider keine!) Ich bin 27/177/67, bin mittelblond, habe graugrüne Augen, bin behaart (aber kurz rasiert) und an den Eiern ganz rasiert. Ich bin ohne die drei „BBB". Ach ja, in meiner Hose drängen sich 19 x 4,5 cm. Auf den ersten Blick scheine ich schüchtern, bin aber in Wahrheit total versaut und will mit Dir meine geheimsten Phantasien ausleben. Ich gehe regelmäßig ins Fitnesstudio - und danach gehe ich gerne lange unter die Dusche oder in die Sauna.
Interessiert? - Habe auch ein Auto oder Du kannst mich besuchen.

Ciao Rolf

PS: Nicht interessiert? Dann schick das Foto doch bitte zurück!

Hi, spermasüchtiger, geiler Boy

Als ich Dein Inserat in der..... gelesen habe, wurde ich richtig scharf
und mußte Dir einfach schreiben! Da ich auf jüngere Boys stehe, jedoch auch noch nicht zum älteren Eisen gehöre, und Du so gern total vollgespritzt werden möchtest bist Du genau der Richtige für mich! Da ich gerne Gesichter besame, bekämst Du genau was Du brauchst! Da ich auch nur Sex möchte und auch keine Beziehung will, wäre das Problem doch auch gelöst. Wieviel Erfahrungen hast Du denn schon?

Nun zu meiner Person:
Ich heiße Lars, bin 30 Jahre alt, hübsch (entscheide doch lieber Du) 180 cm groß und 69 Kilo schwer. Mein Hobbys sind Sport all-gemein, Musik hören und natürlich geiler Sex!
Mein Beruf ist Kellner, welchen ich sehr gerne ausübe,

da ich gerne Kontakt zu Personen habe.
Ich wohne hier in Luzern (ca. 62000 Einwohner) an der Stadtgrenze alleine in einer 1½ Zimmerwohnung.
Nun hoffe ich auf baldige positive Antwort mit geilem Foto von Dir.
100%ige Antwortgarantie und 100%ige Diskretion werden geboten und auch erwartet.

Hallo Du?

Ich habe Deine Anzeige im...... gelesen. Du siehst ja echt scharf aus und hast einen ganz tollen schönen Körper und wahrscheinlich einen schönen dicken Schwanz. Ich möchte und will Dich so richtig schön ficken und will Dir meine Sahne in Deinen Mund machen. Ich will Dir auch nach Herzenslust Deinen geilen Schwanz ablutschen und Dich so richtig schön streicheln und neben Dir liegen und noch vieles mehr.

Aber vor allem möchte ich Deine schönen Haare streicheln und sie Dir so richtig schön naß machen, denn ich mag nasse Haare sehr. Ich könnte Dir doch meine Sahne auch auf Deine Haare machen? Aber Dich mag ich natürlich auch, nicht nur Deine Haare.

Ich will Dich so sehr, denn ich habe großes Interesse an Dir. Ich liebe Dich jetzt schon, Du geiler Junge. Ich möchte Dich sehr bald schon einmal persönlich kennenlernen. Dann könnten wir vielleicht für immer zusammen sein? Das wäre echt super! Und ich möchte natürlich Deinen geilen Schwanz so richtig schön streicheln.

Ich bin 33 Jahre alt und 1,79 m groß und schlank. Ich habe graue Augen und bin dunkelhaarig. Ich hoffe sehr, daß ich bald von Dir höre, denn ich bin schon so richtig geil auf Dich geworden und auf Deine Haare.

Viele Grüße

Dein Theo

Hallo süßer geiler Boy

Mein Name ist Thomas 27/179/63, schlank, dunkle Haare, wenig behaart, und sehr sehr sehr geil !!!
Ich habe echte 18x 4,5 Zentimeter (nachmessen erlaubt!!!)
Ich stehe auf langes und tiefes Arschlecken, Blasen, versautes Reden und natürlich festes Abficken.
Dein Foto ist supergeil!!! Du willst mich wohl verrückt machen?
Was hast Du wohl unter Deiner geilen Hose? Ich würde Dich gerne überall lecken und saugen!!! Du bist bestimmt auch schon ganz geil da drauf, daß ich Dich schön ablecke.....
Ich werde Dich vollspritzen und möchte aber auch vollgespritzt werden. Du bist willig - aber auch ich stehe Dir zur Verfügung!
Läßt Du Dich auch mit Dildos ficken?
Schade, daß wir soweit auseinander wohnen. Aber vielleicht gibt es ja eine Möglichkeit sich öfter mal zu treffen? Ich lege mal ein paar Fotos von mir mit bei. Bitte melde Dich ganz schnell!

Dein geiler Thomas

Hi

Leider habe ich kein Foto von mir!

Ich bin 18 Jahre alt - 180 groß - wiege 72 kg - grün-gelb-graue Augen. Kein Bart! Keine Brille! Kein Bauch! Mein Schwanz ist ganz hübsch. Ich bin mit einem Soldaten zusammen, weil ich auf Uniformen abfahre. Er ist zwar nicht mein Typ aber in seiner Unform sieht er geil aus. Hast Du auch eine? Ich finde Deine Anzeige nämlich echt irre geil, deshalb schreibe ich Dir ja auch. Antworte mir doch - aber nur wenn Du willst. Ich mag nicht mehr schreiben, denn ich bin schreibfaul.

Heiko

Hallo geiler Boy...

Hast Du auch Lust mit anderen geilen Boys zu wichsen und abzuspritzen? Ja? Prima! Dann melde Dich doch mal bei mir. Ich möchte einen privaten Wichs-Club gründen, der-bis zweimal im Monat zusammen kommt und kräftig die Schwänze schüttelt.

Wenn Du also keine Lust mehr hast allein zu Hause auf dem Bett zu sitzen und Deine Stange zu bearbeiten, dann komm doch vorbei und die Action kann beginnen!
Ich bin sehr gespannt wieviele Boys sich melden und freue mich schon auf viele verschiedene Boys und Schwänze.
Also! Traue Dich!

Dann können wir uns bald schon mit vielen anderen Boys persönlich kennenlernen.
Bis bald

Dennis

Hallo Du !

Soll ich Dich nehmen ?
Also, ich bin der Heiner, 27 Jahre jung, sehr humorvoll. Außer gewisse Hefte und Videofilme habe ich allerdings noch keinerlei Erfahrungen mit Männersex.

Ich habe etwas Übergewicht, aber ich arbeite daran.
Mein Schwanz ist nicht der Größte. Vielleicht kannst Du mir ja den Männersex beibringen? (dann spritz ich Dich auch an!)
Vom 8.7-10.8 habe ich Urlaub. Gib einfach Bescheid und lass mich nicht zu lange warten.

Bis bald und laß mich Dich vollspritzen - bitte !

Heiner

Servus Du kleiner Abfickboy,

hast Du deine Hose schon schön artig heruntergezogen? Leckst Du mir meine Eier? Du kleine willige Boysau, Du! Du sollst meinen Dauerlutscher ordentlich in Dein feuchtes Boymaul nehmen.
Du mußt meine pilzförmige Eichel in Dein Maul nehmen und den Saft heraussaugen. Ich möchte Dein Gesicht einsamen und Dir meinen Schwanz tief in Deinen kleinen Mund stecken. Ich spritze in Deine Fresse und in Deinen Arsch. Dann mußt Du einen richtigen Schnuller in den Mund nehmen und feste daran lutschen. Ich setz mich auf Dein Gesicht und ficke Dich in Deinen Mund. Ich verlange, daß Du meinen Samen schluckst und meinen Penis sauberleckst, bis der letzte Tropfen aus Deinen kleinen Mund quillt.

Bis dann

Fabian

Hallo Fremder!

Hier bin ich jetzt (genauer genommen ein Brief von mir und meinen Vorstellungen). Wie Du Dir denken kannst bin ich der Typ hier links *(Anm des Autors.: Foto ist auf dem Brief gescannt)*. In Farbe sieht das alles noch viel besser aus, aber ich dachte mir als Kopie ist es genug, um sich ein Bild von mir zu machen. Ich habe ja schließlich auch nicht so viel von Dir, und von daher ist es ja nun mein gutes Recht, daß ich auch nicht gleich ein echtes Foto mitschicke, ODER?
Außerdem habe ich schon soooo viel schlechtes über Anzeigen und Menschen, die welche aufgeben gehört, wo es dann einfach keine Antworten gibt oder die Fotos nicht zurückgeschickt werden. Auch habe ich davon gehört, daß sich manche Leute Scherze erlauben, und die Briefe werden in der Szene dann herumgereicht, und und und.....
Bin ich bei Dir auch an so einen Menschen geraten? Ich hoffe doch nicht, oder? Na, ja, ich will mal nicht gleich am Anfang so viel Zweifel haben. Ich möchte nun

doch noch etwas über mich schreiben, damit Du Dir ein Bild machen kannst
Ich wurde Ende Oktober 1965 geboren. Ich bin vom Sternzeichen Skorpion (oder im chinesischem eine Schlange), bin 178 cm groß mit kastanienbraunen Augen (d.h. dunkelbraun) und ebenso mit dunklen Haaren.
Ich habe einen Drei-Tage-Bart (ist aber auf dem Foto etwas länger) und ein paar Haare auf der Brust (kann man aber auf dem Foto nicht so gut erkennen), und auch welche zwischen den Beinen (die sieht man auf dem Foto natürlich nicht - hehehe!), und manchmal auch welche auf den Zähnen. - (grins) -
Wie ich aussehe, kannst Du jetzt anhand des Bildes selber entscheiden. Schließlich hat da jeder eine andere Meinung zu. Bei mir geht das so, von ganz mies bis wirklich gut. Ja wirklich, auch wenn Du es nicht glauben wirst, manchmal findet mich jemand wirklich gut!
Mein durchschnittliches Gewicht beträgt 156 Pfund oder (78000 Gramm), womit ich unter meinem Normal- aber über meinem Idealgewicht liege (nicht zu dick und nicht zu dünn). Aber das Gewicht variiert so zwischen ± 2 Kg.
Außerdem bin ich sportlich aktiv (4 mal pro Woche Training), wobei sich das nicht auf Bodybuilding bezieht.
Ich mache eine Art Leistungssport, so mit Kraft, Ausdauer und Kraftausdauer. Wegen des Sport habe ich auch wenig Zeit.
Im sexuellen Bereich mache ich viel (aktiv-passiv) mit.
Ich bin da ganz ohne Hemmungen, und auch immer bereit neue Sachen, die ich noch nicht kenne, kennenzulernen.
Einiges lieber aktiv und anderes lieber passiv. Ich gehe offen mit Sex und der Sexualität um. Ich kann darüber wirklich sehr offen reden. Ich mag kuscheln und Zärtlichkeit und die Standards halt. Aber manchmal mag ich es auch gerne etwas wilder und heftiger - auch Rollenspiele sind da kein Problem für mich.
Was ich nicht mag, ist wenn es Bierernst beim Sex zugeht und man dabei nicht einmal herzhaft lachen kann.
Du kannst ja versuchen noch etwas über mich heraus zu bekommen. Ich will Dir hier auch nicht mein ganzes Sexleben offenbaren (Ich kenn Dich ja noch gar nicht und Du weißt schon soooo viel von mir. Ich denke das diese Vorstellung erst einmal genügen sollte, um Dir ein grobes Bild von mir zu machen. Wenn Du mehr wissen willst, dann mußt Du mir jetzt schreiben.

Tja, das war sie, meine Persönlichkeitsvorstellung. Wenn Du an mir interessiert bist und ich wieder von Dir höre, dann werde ich Dir gerne mehr schreiben und erzählen. Es ist ja auch nicht ganz leicht ein korrektes Bild von sich herzugeben, weil ja so vieles mißverstanden werden kann. Allein das ich schon wieder so viel schreibe wirft doch schon wieder ein falsches Licht auf mich. Eigentlich bin ich nämlich gar nicht so. Ich habe im Moment nur viel Zeit und Du profitierst nun davon. (oder auch nicht, weil Du jetzt so viel Schmarn lesen mußt.)
Tja, nochmals, Ich bin offen für alles mögliche, zumindest von der Einstellung her. Was sich zwischen uns ergibt wird sich zeigen. Und dazu kommt dann ja noch, ob man sich riechen kann oder eben nicht, und ob man sich verträgt oder eben nicht. Aber das sind ja alles Sachen die erst dann interessant werden wenn man sich trifft. Bis dahin hoffe ich erst einmal mich Dir ein wenig vorgestellt haben zu können. Bist Du jetzt nicht allzu abgeneigt, so daß ich vielleicht eine Antwort von Dir bekonmme? (guck ganz lieb)

Alles liebe

Marco

Hallo, ich bin der Hans !

Möchte Dir gerne auf Deine Anzeige antworten. Zu übersehen war Deine Anzeige ja nicht. Da wirst Du ja jede Menge Zuschriften erhalten haben. Ja, mein Lieber, ich möchte gerne das ich Dich kennenlernen kann.

Deine Anzeige ist ja vielversprechend, und bei dem Gedanken Dich bei mir zu haben, werde ich schon unwahrscheinlich geil. Alles mit Dir machen zu können, und vor allem, Dich überall lecken zu können - ganz besonders am Arsch - macht mich richtig verrückt.
Deine geile Zunge an meinen Schwanz und an meinen Arsch, muß doch einfach toll sein. Unter der Dusche anpissen und Dich auch unter der Dusche ordentlich rannehmen,

muß doch ein geiles Gefühl sein. Ich möchte es mal so richtig geil mit jemand treiben und da Du ja wohl auf alles abfährst wäre es doch wirklich eine tolle Sache.

Sauberkeit und Gesundheit ist selbstverständlich!!!!

Solltest Du Dich für mich entscheiden würde ich mich sehr freuen und es fällt uns dann bestimmt noch einiges ein. Ein richtig geiler Sex, natürlich ohne Schmerzen, daß ist doch klar und eine tolle Sache. Und wenn Du Dich dann noch so richtig nehmen läßt muß man doch einfach an Dich schreiben.

Also, mein Lieber, sollte ich Dir zusagen, was ich natürlich hoffe und mir sehr wünsche, würde ich mich freuen etwas von Dir zu hören. Und dann möchte ich mich ordentlich mit Dir austoben. Ich bin ja mal gespannt ob Du Dich meldest und Du mir Deinen geilen Körper zeigst und ich Dich ordentlich rannehmen kann.

Vielleicht ja bis bald

Hans

Hallo Du kleiner Boy

Ich antworte Dir nur in kurzen Zeilen auf Deine Anzeige. Ich bin 28 Jahre alt, 175 cm groß, 78000g schwer und kurzhaarig. Mein Schwanz wird deine Fresse und Deinen Arsch jubeln lassen und meine Zunge ist schon vorbereitet bald in Deine geile Votze einzudringen.

Ich bin der beste Ficker der Welt !

Ich bin beweglich und freue mich auf eine Antwort

Reinhard

Hallo

ich schreibe auf Deine Anzeige...

Entschuldige diese Art der Zuschrift per Fotokopie aber wenn Du weiterliest, wirst Du erkennen, warum ich dieses Verfahren gewählt habe.

Du suchst in Deiner Anzeige Sex-Kontakte, bzw. Sex-Partner. Dafür komme ich nicht in Frage, da ich nicht Deinen Vorstellungen entspreche.

Aber: ich habe Interesse an lockeren Boys / Männern, die über einen sportlichen Körper und ein interessantes Gesicht verfügen, selbst gute Fotos oder Videos von sich haben wollen, sich vor einer Kamera bewegen wollen und sich dabei vielleicht sogar ein kleines Honorar verdienen wollen.

Dabei entdeckte ich Deine Anzeige und von Deinen Angaben her, bzw. Deinem Foto wäre ich interessiert.

Bei den Fotos geht es um „ganz normale" Aktionen. Videos könnten in Soloaktionen erfolgen aber auch zusammen mit anderen. (Und auf diese Art würdest Du Kontakt zu Partnern bekommen, wie Du sie in der Anzeige gesucht hast.

Wenn Du also grundsätzlich Interesse hast, laß von Dir hören. Sende mir bitte noch nähere Angaben über Dich, Deine Vorstellungen und Wünsche sowie eventuell einem Foto von Dir.
Du erhältst dann postwendend von mir nähere Angaben. Andernfalls werfe diesen Brief einfach weg !

Für heute viele Grüße

Walter

Betr.: Anzeige im.....

Dein Spruch: „Wer will mich???“ hat uns angetörnt.

Wer sind wir ? -
eine lockere Gruppe von 6-8 Boys im Alter von 16-30 Jahren (umseitig ein paar Bilder).

Da Du Dich gerne ficken läßt und Dir den Saft in die Fresse spritzen läßt würdest Du genau in unser Konzept passen.

Was würdest Du davon halten mal ein Wochenende so richtig rangenommen zu werden, gleichzeitig von Hinten aufgespießt und von vorne in Deine Maulvotze gefickt zu werden? Wir werden Dich durchnudeln bis Du nicht mehr kannst!

Bei uns macht nur jeder die Dinge worauf er Lust hat und worauf er steht!

Nun zu mir: Ich bin der Roland und somit der Clubmeister - die Treffen laufen ausschließlich bei mir, da ich eine Eigentumswohnung habe und die anderen noch zum großen Teil bei ihren Eltern wohnen.

Kurze Daten: Ich bin 30 Jahre alt und somit der Älteste. Ich leite einen kleinen Betrieb in Sanitärbereich. Ich bin 180 cm groß und wiege 110 Kilo und bin behaart. Die anderen sind alle durchweg schlank!
Wenn Du mit uns in Kontakt kommen willst, so bitte ich dich dieses über das angegebene Postfach zu tun.

P.S: Wenn Du noch Schüler oder Student bist übernehmen wir auch gerne die Kosten!!!

Deine geilen Wichskameraden

Matrin, Hendsrik, Sebastian u.a

Hallo Du Traumtyp!

Habe Deine Anzeige im...... gelesen und habe großes Interesse Dich
kennenzulernen. Bin 24/186/74. Würde Dich unheimlich gerne ficken, Deinen Schwanz blasen, meinen Saft in Deine Fresse pulvern. Bin für alles offen - außer SM und Kaviar. Ich muß ganz ehrlich zugeben das ich gerne mal Pisse-Spiele ausprobieren würde.

Also, ich hoffe Du meldest Dich schnell bei mir.

Geile Grüße

Peter

Hi,

In meinen kurzen Brief das Wesentliche, dennoch nicht oberflächlich, da ich wirkliches Interesse habe und kein Spinner bin.

Du kannst Dir gar nicht vorstellen, wie sehr mich Deine Anzeige anmacht. Ich, das sind 1,76m Lebensgröße, 67 Kilo Gewicht und braune kurze Haare. Bin rasiert und stehe auf geilen Sex, wie Anal (aktiv/passiv), lecke und blase sehr gern, TT, PP, NS. Ich bin für alles offen - nichts muß - alles kann!

Ich möchte meine Lust mit Dir ausleben. Natürlich werde ich Dich nach allen Regeln meiner Kunst nehmen und Dir zeigen, wieviel Lust & Spaß unser Zusammenspiel machen kann. Übrigens bin ich derweil schon 28 Jahre alt.

Also, wenn Du Lust verspürst, dann melde Dich unter.....

Tschau

Knut

Hey Boy,

Ich habe in der...... Deine Anzeige gelesen, die mich echt angesprochen hat. Mal abgesehen von dem unsichtbaren Gesicht, siehst Du so affengeil aus, daß es mich nur so antörnt.
Ich bin 25 Jahre alt und 1,80 Meter groß. Ich möchte mich mit Dir treffen und richtig geilen Sex mit Dir haben.
Die Entfernung ist echt egal, denn ich bin mobil. Alles weitere sprechen wir dann wohl später ab. Ich warte auf alle Fälle auf eine Rückantwort von Dir. Ich ficke oral und anal, und was Du sonst noch willst. Mein Schwanz ist echte 19x4,5 (!) groß.
Hauptsache ich kann Dir auch einen schönen blasen und Dein Loch ist echt schön groß.

So, ich hoffe es ist Dir nicht zu versaut, Du geiler Bock.

Bitte antworte, ich melde mich dann auch wieder

Tom

Hallo...

Hier schreibt Dir ein Freundespaar aus Berlin. Deine Annonce hat uns sehr gefallen und wir möchten Dich gerne kennenlernen, Dich mal einladen oder besuchen, falls Du auch Interesse hast.
Wir haben Interesse an lockerer Freundschaft mit geilem, hemmungslosen Sex. Wir sind zwar schon etwas älter, sehen aber jünger aus.
Mein Freund Franco kommt aus Mittelamerika und wir leben und wohnen seit zwei Jahren zusammen. In Bereich Sex ist Felix mehr aktiv. Ich bin aktiv und passiv, bin unheimlich schwanzgeil, blase sehr gern, lecke gern Eier und Arschvotzen und lasse mich sehr gern lange und hemmungslos in vielen Stellungen durchficken. Außerdem stehe auch auf geile Mundficks und lasse mich auch gern vollpissen und besamen. Natürlich ficke ich auch gern Arsch und Maulvotzen.

Wir würden Dich also auch von vorn und hinten gleichzeitig ficken. Gern würde ich auch Deinen Schwanz intensiv blasen und mit Ausdauer daran saugen, bis Dir der Saft aus den Eiern hochsteigt.
Ich höre aber rechtzeitig auf und lasse Dich noch nicht abspritzen, denn ich will mir noch Deine Eier und Deine geile Arschvotze vornehmen. Ich sauge Deinen Sack vollständig in meinen Mund und bearbeite Deine Eier mit meiner Zunge.
Danach spreize ich Deine Beine und meine Zunge gleitet am Sack entlang, zwischen Deine Beine bis zu Deiner Votze, die ich mit meiner Zunge ficken und auslecken werde. Wenn sie schön weich ist, können wir Dich dann ficken, wenn Du willst.

Wir werden Dich als Stute gebrauchen und ohne Hemmungen tabulos durchficken. Du wirst dabei in ganz verschiedenen Stellungen durchgefickt, auch auf dem Tisch, wo Franco Deine Beine weit nach hinten zieht und spreizt, so daß sich Deine Arschvotze weit öffnet und ich sie bequem lecken und anschließend tief durchficken kann. Mein Schwanz wird bis zum Anschlag in Dich eindringen und Dich mit langen Stößen durchficken. Wenn mir der Saft hochkommt, ziehe ich meinen Schwanz aus Deiner Arschvotze und spritze Dir meinen Saft auf die Eier, ins Gesicht oder direkt in die Maulvotze.
Du kannst mich auch kräftig durchficken, besamen und anpissen, auch in meine offene Maulvotze.

Auf jeden Fall werde ich Dich entsaften wenn Du selber nicht ficken willst. Ich werde Deinen geilen fetten Schwanz so lange blasen, bis ich Deinen Samenstrahl im Hals fühle.
Du kannst uns ja gerne Deine Vorstellungen mitteilen.

Wir würden gerne Deine Wünsche erfüllen. Wir sind auch für geile Videoaufnahmen zu haben.

Viele liebe Grüße

Franco und Peter

Hallo Boy

Mein Name ist Fred.

Ich bin 22 Jahre alt, 187 cm groß, schlank (72 Kg), habe braune Haare, ohne Bart und Brille, unbehaart und bin mit Boys leider noch nicht in Berührung gekommen.

Da ich noch bei meinen Eltern in Hamburg wohne und sie nichts davon wissen das ich auf Boys stehe, kann ich Dir leider nur eine Postlageradresse geben. Ich hoffe aber, Du schreibst mir trotzdem. Natürlich wäre ich auch damit einverstanden, wenn Du mir aus Diskretionsgründen auch nur eine Postlageradresse geben würdest. Treffen wären auch bei mir möglich, weil meine Eltern oft unterwegs sind.

Beim Sex stehe ich auf nix was mit Leder, Fesseln, S/M, Gewalt usw. zu tun hat. Ich stelle mir aber z.B. gegenseitiges Fummeln, Wichsen, Lecken und Blasen vor. Ich würde es gerne mal ausprobieren, aber nur mit etwas Anlaufzeit, weil ich wie gesagt noch unerfahren bin. Ich habe zwar schon vor 2 Monaten schon einmal auf eine Anzeige geantwortet, aber zu einem Treffen ist es dort noch nicht gekommen.

Ich habe Dir ein Foto von mir beigelegt damit Du meinen Körper schon einmal begutachten kannst. Ein Foto mit Gesicht bekommst Du im nächsten Brief. So, nun warte ich gespannt auf Deine Ant-wort. Bitte mit Aktfoto und ja kein zu altes.
Bis bald

Fred

P.S: bist Du manchmal auch aktiv ?

Hi !

Also gleich vorweg: Ich bin schon über 30. Wenn Dir das zu alt ist brauchst Du erst gar nicht weiterzulesen. Schmeiß den Brief einfach weg und schick mir dann mein Foto zurück.

Wenn Du mit meinem Alter klar kommst und Dir mein Brief gefällt, sollten wir uns kennenlernen!
Da ich noch keine Erfahrungen habe, würde ich es gerne mal tun!
Also, mein Foto hätte ich gerne auf jeden Fall wieder zurück.
Wenn Du mich also kennenlernen willst, sollten wir „Kopf-Fotos" tauschen und uns bald treffen.

Bis dann

Ralf

Hallo süßer Unbekannter !

Um sofort auf Deine Frage „Wer will mich?" zu antworten: „Wir!"
Wir sind zwei Freunde: Daniel: (das bin ich) 24/190/70 und mein Freund Tim: 24/198/70. Bevor Du gar nicht erst weiterliest weil Dir zwei Boys zu viel sind, möchte ich Dich bitten wenigstens mal darüber nachzudenken, denn wenn die Fotos in...... tatsächlich Dich abbilden, dann können wir uns das auf gar keinen Fall entgehen lassen.

Tim und ich sind seit 1990 zusammen und wir sind keine Szene-Typen, und wirken (sagt man) um einiges jünger und sind auf dem ersten Blick überhaupt nicht schwul. Außerdem behauptet man, wir sähen ganz gut aus, was ich natürlich nur von Tim behaupten kann (wer lobt sich schon gerne selbst?)
Wir sind total unkompliziert für alles (Moment, fast alles) zu haben.
Du kannst alles hemmungslos mit uns besprechen und natürlich auch machen!
Wir sind wahnsinnig lustig drauf! Wir können aber auch, wenn es darauf ankommt sehr ernst sein!
Kurz zu unserem Aussehen: Ich bin schlank, blond und blauäugig, sowie beidseitig befahrbar (a/p). Und Tim sagt immer, ich hätte den geilsten Fickarsch der Welt! Mein bestes Stück darf sich wohl auch sehen lassen, ist allerdings beschnitten und dadurch etwas größer im allgemeinem Durchmesser.

Tim ist ebenfalls schlank, Haarfarbe braun, Augenfarbe braun (also eigentlich genau so ein Traumtyp wie Du!). Unser Hobby? - Dir Deinen Wunsch ausgiebig zu erfüllen! Wir würden alles mit Dir machen was Dir Spaß macht und was Dich in den 7. Himmel bringt (außer Dirty und SM). Wir werden Dich durchficken, solange es Dein Durchhaltevermögen mitmacht und Dir in Deine Fresse spritzen bis Du keine Luft mehr bekommst!
Zu viel versprochen? Ausprobieren!

Wir üben ja schließlich schon seit über 6 Jahren! Wir lesen schon seit Ewigkeiten sämtliche Kontaktanzeigen, da wir uns eigentlich sehr treu sind, aber uns beide noch nicht so richtig ausgetobt haben. Wir haben uns geschworen: Wenn wir irgendwo rumbaggern oder gar in fremde Betten hüpfen, dann nur zusammen. Bisher hatten wir in 6 Jahren gerade einmal 2-3 Erlebnisse dieser Art mit Typen aus dem Freundeskreis die Dir (lt. Deines Fotos) bei weitem nicht das Wasser reichen können (außerdem waren sie sehr langweilig). In den Kontaktanzeigendschungel fanden wir immer nur ältere oder junge, nicht so gutaussehende Typen.
Und ehrlich gesagt, fehlte uns auch ein wenig der Mut jemandem Fremden zu schreiben. Aber als wir Dein Bild gesehen haben mußten wir Dir einfach schreiben. Irgendwie ist das komisch einen Fremden zu schreiben. Man weiß nicht ob man sich vorsichtig, ordinär, zärtlich oder brutal ausdrücken soll!
Ich hoffe, ich habe es richtig gemacht!
Leider haben wir noch keine Aktfotos von uns. Ich habe Dir aber ein aktuelles Foto von uns beigelegt. Wenn Du auf ein Aktfoto von uns bestehst, dann melde Dich!
Aber ich denke, wenn ich Dich so anschaue (auf dem Foto), ist unser Körperbau mit Deinem in etwa vergleichbar! Wir sind übrigens 100% sauber und gesund!
Ich hoffe, Du kannst Dir ein Bild von uns machen und hast Interesse an einem (oder mehreren) Treffen?
Völlig klar - bei Antisypmphatie, bzw. bei Nichtgefallen läuft eben nichts! Wäre aber echt schade, denn Du würdest genau den richtigen Belag für unseren Sandwich abgeben!
Die Entfernung ist für uns überhaupt kein Problem. Wir wohnen zwar im öden Ostfriesland, sind aber sehr reiselustig. Aus beruflichen Gründen geht es aber nur am

Wochenende. Und wir sind auch in der finanziellen Lage uns ein Hotelzimmer zu leisten. Wir selbst wohnen leider noch zu Hause, was sich aber bis zum Sommer noch ändern wird. Aus diesem Grunde ist es nicht möglich, daß Du Dich schriftlich oder telefonisch an uns wendest. Die nachfolgende Adresse, ist die von unseren Bekannten, die von uns eingeweiht wurden.

Bye

Tim und Daniel

Hallo, sei gegrüßt...

Deine Fotos im.......machen mich total geil. Ich möchte Dich nach Strich und Faden verwöhnen, mit meinem Schwanz, als auch mit meinem Mund jeden Zentimeter Deines Körpers lecken.
Auch möchte ich Deinen geilen Arsch mit meiner Zunge auslecken und ficken und dann meinen Schwanz nachschieben. Es wird saugeil werden. Laß es uns miteinander treiben!!!
Ich möchte mich zunächst einmal kurz vorstellen. Ich heiße Jochen und bin 33 Jahre alt, dunkelblond, schlank, trage einen kleinen Schnauzer. Ich bin gutaussehend und gut bestückt, habe auch einen geilen Knackarsch. Ein Foto von mir gibt es wenn Du antwortest. Freue mich schon auf Deinen Brief, und darauf Dich nach allen Regeln der Kunst zu verwöhnen.

Hoffentlich bis bald

Jochen

Hallo Boy,

wir haben Deine Anzeige gelesen, und haben uns gedacht Dir sollten wir doch einmal schreiben. Wir sind zwei Firmeninhaber, wie man es ja schon dem Briefbogen entnehmen kann, mit folgendem Problem. Wir suchen einen jungen schwulen Mitarbeiter der gerne bei uns arbeiten möchte. Wir sind zwei sehr tolerante Chefs: Michael 31J u. Günther 40J. Vielleicht sind wir nicht das, was Du zwecks Deiner Anzeige erreichen wolltest, aber vielleicht erscheint Dir ja unser Angebot trotzdem interessant.

Wir arbeiten im Bereich: Werbung/Druck und unser Unternehmen besteht seit ca. sieben Jahren. Wir haben schon für...... und auch für...... gearbeitet. Wir sind ein 3 ½ Mann Betrieb, aber außer uns beiden ist leider keiner mehr sonst schwul.

Na ja, wir denken Arbeit sollte auch Spaß machen! Sei nun aber bitte nicht gleich enttäuscht, das wir nicht gleich ein Foto von uns mitsenden. Aber wir haben ja schließlich einen Betrieb und Arbeit für Dich, wenn Du magst?
Und solltest Du Dich melden, folgt natürlich sofort ein Bild von uns.

Also, wie gesagt, wir suchen einen Boy, der auch vor Sex am Arbeitsplatz keine Angst hat. Wohnung, Auto, gemeinsamer Urlaub usw. ist kein Problem. Bei Gefallen zahlen wir Dir auch ein anständiges Grundgehalt (und für ein paar schnelle Nummern zwischendurch erhältst Du natürlich eine Sonderprovision).

Na ja, jetzt liegt es an Dir ob Du Dich melden willst. Ach, übrigens solltest Du Dir keine Gedanken über Vorkenntnisse machen, schließlich haben wir ja alle einmal unseren Job lernen müssen.

Bis bald ?

Hallo, Du geile Sau

Habe Deine Anzeige im...... gelesen.
Würde gerne Dir mit meiner Zunge Dich zu Beginn überall ablecken (Deine Eier, Dein Arschloch). Danach Dir ganz lange und extrem Dir einen blasen, wobei ich Dir nebenbei mit meinen Fingern Dein Loch vorbereite. Danach

werde ich Dich lange und ausdauernd durchficken (in allen Stellungen und allen Winkeln meiner Wohnung). Möchte mich auf Dein Gesicht setzen und Du leckst mir dann das Loch aus. Können auch (wenn Du willst) Dildos und Poppers benutzen.
Würde mich freuen von Dir zu hören, daß wir uns treffen können und ich meinen heißen Saft in Deine gierige Fresse spritzen kann.
Du wirst es nicht bereuen, denn ich mache mit Dir sehr viele geile und versaute Sachen.
Zu mir: 26/175/69 dunkelblond, rasiert a/p

Tschau, bis bald

und auf ein spritziges Vergnügen

Dietrich

SCHWULER JUNGER MANN (25) MÖCHTE HETERO-ODER BI-TYP (VERHEIRATE MÄNNER SIND AUCH WILLKOMMEN) GERNE FRANZÖSISCH VERWÖHNEN.

Hallo, Du gutaussehender Boy (?)

Dein Angebot klingt recht vielversprechend und wirklich ziemlich verlockend.
Ich schätze geübte Münder, die meinen Schwanz einfühlsam und ausdauernd behandeln, von zärtlich bis heftig, gern stundenlang.
Ich bin 26, 1,83 m groß, schlank, und habe, wie Du auf dem Bild ja auch siehst, braunes längeres Haar und braune Augen.

Normalerweise stehe ich auf Frauen und bin beim ficken aktiv, aber von Zeit zu Zeit macht es mir Spaß, einfach nur dazuliegen und mich von einem Mann verwöhnen zu lassen, ihn ggf. auch zu streicheln (wenn gesund!) usw.

Falls Du der Richtige dafür bist, melde Dich mal bei mir.

Bis dann vielleicht

Gruß von Dietmar

Hallo Du !

Ich bin 21 1,90 74,0 Kg leicht, sportliche Figur Blond aber nicht blöd! Und ich habe blondes kurzes Haar.
Ich wohne allein, in einer Dachwohnung, mitten in Rissen. Wo kommst Du her?
Also ganz ehrlich: Ich bin immer noch Jungfrau und ich habe die Schnauze voll von alleine wichsen.
Kannst Du mir da wirklich helfen? Auf gut Deutsch, kannst Du mich mit Deinen Mund verwöhnen. Machst Du das wirklich?

Und wenn ich dann kommen muß? Ich bin jetzt schon ganz geil.
Also, im nächsten Brief dann mehr - bei Interesse -
Und mach schnell !!!!

Chris

Hallo, geiler Boy

Deine Anzeige im...... hat mich ganz schön erregt!

Ich heiße John, bin 26 Jahre alt, 1,86 m groß, sehr schlank und jungenhaft gebaut.

Bisher habe ich (muß ich gestehen) allerdings noch keine Erfahrung mit Boys, sondern nur mit Frauen (bin wohl Bi?).
Ich lebe mit meiner Freundin in einer festen Beziehung zusammen (daher auch nur postlagernd), da sie von alledem nichts erfahren soll (diskret). Bei ihr mag ich allerdings sehr gerne „französisch", und ich stelle mir immer wieder vor, wie das mit einem Boy so ist.
Ob's dann bei mir klappt (vielleicht brauchst Du viel Geduld und Verständnis bei mir - bin schüchtern)!, weiß ich natürlich vorher nicht. Aber es würde mich irgendwie reizen, es mal zu versuchen.
Hättest Du denn überhaupt Lust auf so einen „Anfänger"?
Ich bin sauber und gesund!
Treffen geht aber nicht bei mir (wegen Freundin).
Bitte schreib mir kurz zurück, was für Einstellungen und Wünsche Du hast - evtl. ein Bild für mich (gibt's zurück!)?

Vielleicht können wir uns ja mal verabreden und die Sache dann angehen.

Meldest Du Dich?

John

Hallo,
würde sehr gerne meinen Schwanz von einem guten Bläser verwöhnen und aussaugen lassen, da ich z. Zt. keine Freundin habe und oft sehr stark unter Strom stehe. Finde es herrlich erregend wenn ein guter Bläser(in) meine Eichel mit seinen Zähnen umknappert und dabei zärtlich meinen Schaft streichelt.
Bin 34 Jahre, 180, 65 Kilo, ca. 17x4,5, jungendlicher Typ, nett, gesund, gepflegt, diskret und neugierig darauf ob Männer nun wirklich die besseren Bläser als die Frauen sind?

Ruf mich einfach an und dann sehen wir weiter....

Gerd

Hallo,

Deine Anzeige ist mir aufgefallen. Gerne möchte ich Dich kennenlernen um mir von Dir einen blasen zu lassen. Ich würde Dich allerdings gerne noch bizarr gebrauchen. Du könntest mir meine geilen Eier lecken und den Sack kneten und drücken. Du könntest auch die ganze Nacht bei mir bleiben oder ein ganzes Wochenende.

Ich bin 45 Jahre, 1,90, 90 Kg, gesund, sauber, diskret und endlich mal geil auf einen Mann, der mir meine Eier bearbeitet.

Um Deine Entschlußfreudigkeit zu unterstützen - damit Du auch zu mir kommst - biete ich Dir an, Dich finanziell zu unterstützen. Und eine Bahnfahrt mit dem ICE (1 Klasse ist selbstverständlich) ist natürlich auch drin.

Ich hoffe von Dir bald eine positive Antwort zu erhalten.

Ich verbleibe mit geilen Grüßen

Hartmut

Hallo !

Mein Brief kommt erst später, da ich gerade auf Auslandsreise war. Trotzdem hoffe ich, daß es noch nicht zu spät ist.

Ich heiße Mingh, bin 25 Jahre alt, 176 cm groß, wiege etwa 60 Kilo. Ich habe schwarzes Haar, dunkelbraune Augen. Ich bin außerdem unbehaart und gesund (kein HIV, keine Krankheiten). Ich trage keinen Bart, dafür aber meistens Jeans und darunter einen geilen Minislip oder Tanga.

Wie mein Name Dir schon verrät, bin ich ein Ausländer - und zwar ein gemixter Asiate. Ich habe eine eigene Wohnung, daher können wir uns diskret bei mir treffen, aber leider nur am Abend, da ich berufstätig bin.

Mein Schwanz (15) ist vielleicht nicht der Längste, aber er ist der Ausdauerndste. Und wenn er erst einmal hart ist, dann ist er so schnell nicht wieder weich zu kriegen. Du mußt wohl hart daran arbeiten. Du mußt meinen Schwanz ausgiebig und ausdauernd lutschen und blasen (mindestens 3o Minuten!!) bis ich komme.

Die zweite Übung nach ungefähr 15 Minuten Pause - dann wieder von vorne beginnen. Wenn Du willst, können wir 3-4 mal üben.

Was magst Du am liebsten?

Ich selbst stehe wahnsinnig darauf, ausdauernd von Dir geblasen zu werden, bis ich mein Sperma in Dein Gesicht oder auf Deiner Brust abspritze. Außerdem mag ich auch die „69"-er Stellung. Beim Ficken bin ich eher aktiv.

Nun, hast Du Lust mich auszuprobieren?
Wenn Du Lust hast mich auszuprobieren, dann ruf doch an!

Tschüs und vielleicht bis dann

Mingh

SEHR JUNGER BOY, 17/178/60, MÖCHTE IN DIE SCHWULE LIEBE EINGEFÜHRT WERDEN. ZEIGST DU MIR, WO ES LANGGEHT ?

Hallo junger 17-jähriger Boy

Ich habe Deine Anzeige im...... entdeckt und mit Interesse gelesen. Du suchst also jemanden, der Dich in die Liebe einführt und Dir zeigt, wo es langgeht. Da kann ich Dir weiterhelfen. Wie wär's mit mir?

Ich bin 29 Jahre alt (jünger aussehend, ebenfalls eine Größe von 178 cm und ein Gewicht von ca. 60 Kg, sauber, gepflegt, gesund, offen, ehrlich, zuverlässig und verantwortungsvoll.

Sehr gerne würde ich Dich in die schwule erotische Liebe mit Sehnsüchten, Phantasien und Lüsten einführen. Na, wie wär's mit einem heißen, prickelnden Abend, Tag oder auch Wochenende? Bei gegenseitigem Interesse könnten wir uns auch öfters oder regelmäßig treffen? Eigene Wohnung ist vorhanden!

Da ich für vieles offen bin, kannst Du mir Deine Wünsche ruhig erzählen. Gemeinsam erleben wir dann die völlige Ekstase.

Ich habe einen festen Freund (30,192,80). Vielleicht wäre es auch reizvoll für Dich, zu dritt Deine erotischen Phantasien auszuleben.

Falls Du kein Interesse hast, geht es auch mit mir alleine.

Wenn Du jetzt ein wenig Interesse bekommen hast, dann ruf doch mal an. Ich würde mich sehr freuen.

Also, hoffentlich bis bald

Ciao!!!
Hans Jürgen

Hallo, mein Traumboy???

Du bist bestimmt ein ganz niedlicher kleiner Bengel? Auf so etwas stehe ich total und ich bin schon ganz versessen darauf Dich endlich in meine Arme zu schließen.

Ich kann Dir alles zeigen was Du so wissen mußt: Wie man sich am besten seinen Lümmel abwichst (natürlich auch gegenseitig), wie man richtig bläst, und selbstverständlich bring ich Dir auch die goldenen Regeln für Safer Sex bei.

Es gibt nämlich sehr viele verantwortungslose Schwule wie Du wissen solltest, die es auf so junge Boys, wie Du es einer bist, abgesehen haben. Ich bin da ganz anders, ehrlich. Du kannst mir vertrauen!

Ich möchte Dir gerne ein richtiger Freund sein, dem Du Dich ganz und gar hingeben kannst. Ich bin gesund - und deshalb könnten wir (nach einer kurzen Eingewöhnungszeit) schließlich auch völlig freien Sex miteinander erleben. Das ist wirklich das Größte - Du wirst es erleben!!!

Ich habe da schon einige Ideen die wir zwei beiden verwirklichen können. (die verrate ich Dir nur wenn Du mir antwortest)

Ich bin 45/ 160 / 83 und im Herzen jung wie Du geblieben.
Denk immer daran: Ein junger Mann kann Dir die Liebe nicht in ihrer Vollkommenheit zeigen wie es ein älterer Mann kann.
Wenn Du es willst werde ich Dir hilfreich zur Seite stehen.

Schreib schnell!!!!

Ach, wie groß ist denn eigentlich Dein kleiner Lümmel?

Kurt H.

Hi Boy,

hier kommt die 231igste Antwort auf Deine Anzeige. Ich habe bisher noch keinen so jungen Boy in die schwule Liebe eingeführt, hätte aber total Bock darauf.
Ich fände es total geil, Dich sehr einfühlsam zu verführen, Dich zu streicheln, Dich zu küssen, Dich am ganzen Körper zu lecken, bis Dein ganzer Körper vor Geilheit vibriert.
Ich würde mich besonders um Deinen Boyschwanz und Deinen kleinen knackigen Hintern kümmern, beide mit Händen, Lippen und Zunge bearbeiten und verwöhnen.
Ich würde Dir zeigen, wie Du einen Mann glücklich machst. Vieles kann sein, nichts muß sein. Du bestimmst die Grenzen.
Damit Du eine Vorstellung von mir bekommst lege ich ein Bild bei. Ich bin Mitte 30,183,70 Kilo schwer, schlank bis muskulös, sportlich, gut gebaut, trage einen Dreitagebart und habe sehr kurze blonde Haare.

So, wenn Du Lust hast mich kennenzulernen, schreib mir bitte mit Bild, ich würde mich freuen.

Nur Mut, ich beiße nur wenn Du es willst.

bis bald

Ciao Carsten

Lieber unbekannter Boy !!

Ich habe Deine Anzeige im...... gelesen und möchte Dich gerne kennenlernen und vielleicht bin ich es ja, der Dir zeigt wo es lang geht.

Jetzt stelle ich mich Dir mal kurz vor:
Wie ich heiße und wo ich wohne steht ja schon oben auf dem Briefkopf. Ich bin ein netter und sympathischer, sensibler und liebenswürdiger Mann von 39 Jahren, 174 cm groß und 62 Kg „schwer", schlank. Ich sehe recht gut und auch jünger aus.

Ich habe Dir ein paar Bilder beigelegt; bedenke dabei das man in „echt" doch ganz anders wirkt als das Bilder hergeben. (Ein auf dem Bild unheimlich toll wirkender Typ kann in echt auch unheimlich unsympathisch sein und natürlich auch umgekehrt) Tscha, das war in Kürze erst-mal alles. Bei einem Treffen sicherlich mehr!

Ich würde mich freuen Dich kennenzulernen und sicher kannst Du hier auch übernachten (was nicht automatisch Sex heißen soll!!!) da ich jetzt nicht weiß wo Du wohnst! Vielleicht wird ja zumindest eine Freundschaft daraus und das wäre ja auch viel Wert, gerade in dieser Szene, wo es doch oft nur um das eine geht!

Also, dann bis bald??

Mit herzlichen Grüßen

Kai

Hallo !

Hier ist der Berthold aus Bremen. Ich habe Deine Anzeige eigentlich nur zufällig gelesen, da konnte ich einfach nicht wiederstehen. Bin eben solo, und suche schon länger einen jüngeren Freund, der hoffentlich nicht durch die Szene versaut ist. Ich halte nämlich nicht viel von der Szene, bin ebenfalls kein Vielficker. Sorry dafür!

Ich bin 4 mal befreundet gewesen, immer mit jüngeren Typen, war echt geil. Habe aber immer treu zu meiner Freundschaft gestanden, so suche ich auch jetzt ein vertrauensvolles Verhältnis.

Ich würde Dir sehr gerne helfen, Dir alles zeigen und beibringen, nur kommt es dabei mehr auf Deine Wünsche und Vorstellungen an. Ich bin offen für alles was Spaß macht.

ICH: Schon 35, aber sehr gut erhalten, 1,68 groß od. klein (hi !!!), schlank, 54 Kg, Jeanstyp, kein Bauch, keine Brille, kein Bart. Wenig Behaarung. Bin sehr nett, sehr lieb, vertrauenswürdig, lustig und solo. Auto, Motorrad und Wohnung vorhanden.

Du solltest: Sehr schlank und gelenkig sein, wissen was Du willst, neugierig, für Experimente offen sein. Mag Sachen wie: Liebevolle Massage, enge Jeans oder Sportlerkleidung, passiv oder aktiv....

Also, alles ist drin. Aber was soll ich Dir noch schreiben? Es gibt sooo viel was ich Dir erzählen kann. Aus der Szene auch. Was ich erlebt habe. Was ich gern tun würde, was ich liebe, worauf ich stehe, wovon ich träume!

Ich will es kurz machen: Bitte ruf mich an, dann können wir uns über unsere Vorstellungen austauschen. Du kannst mir auch schreiben. Ich wäre gerne für Dich da, bin echt kein Spinner. Toll wäre es, wenn ich trotz der sicherlich vielen Zuschriften eine Chance hätte. Ich würde mich sehr freuen, von Dir zu hören.... dann mehr!

PS: Deine Träume können wahr werden !

Liebe Grüße Berthold

Hallo

Schreibe Dir auf Deine...... Anzeige. Ich finde es ganz toll und mutig, daß Du Deine Anzeige geschaltet hast. Wahrscheinlich hast Du schon mehrere Briefe erhalten, würde Dich dennoch gerne kennenlernen.
Ich bin ja schon 34 Jahre, Du erst 17 J. Doch die Partnerschaft und Freundschaft kennt keine Altersgrenzen für mich, für Dich?
Ich hoffe, daß Du Dich bei mir meldest.

Ein Foto kann ich Dir nicht beilegen, da ich momentan keine Bilder zur Verfügung habe. Doch sollte ich ein Foto von Dir bekommen, werde ich Dir gerne auch eins von mir zusenden.

Ich bin 34 Jahre alt, 176, 86, hellblondes Haar, examinierter Krankenpfleger. Ich bin gern zu Hause, besonders dann, wenn Du mich besuchst oder vielleicht sogar bei mir wohnst?

Ich liebe Musik (alle Arten), und welche Interessen hast Du?
Ich möchte Dir gerne zeigen, wo es lang geht! Bei mir sind wir ungestört. Laß Dich verwöhnen, verzaubern und eine Freundschaft beginnen. Bitte, ruf mich doch einfach an, dann merken wir schon wie es weiter geht.

Keine Angst vor meinem Anrufbeantworter! Es ist meine Stimme darauf.

Dein (?) Sascha

Hallo „Junger Boy"

Ich lese gerade Deine Anzeige im...... und bitte Dir gerne meine Unterstützung als erfahrener Mann an. Bin groß (190), kräftig von der Statur (zum Anlehnen), aber nicht dick!
Ich bin sehr nett und einfühlsam. Versuch es doch einfach einmal, verlieren kannst Du nicht, nur gewinnen! Ruf mich nun ganz schnell an. Falls das Band läuft mußt Du keine Angst haben. Sprich einfach drauf, wann und unter welcher Nummer ich Dich erreichen kann? Ich könnte Dir natürlich auch finanziell unter die Arme greifen, wenn es das ist was Du suchst?

Wolf

Lieber junger Freund,

lache oder lache nicht über einen 72-jährigen, der jetzt von Dir wissen möchte, wie weit Deine Neugier im Inserat geht? Staturmäßig gleichen wir uns. Meine Hobbys sind: Schwimmen, Radfahren, Volleyball, Bodybuilding, Ringen und zärtlich sein und schmusen.

Die negative Sache ist, daß ich Deinen Wohnort nicht kenne und ich keinen Wagen habe. Das sollte aber kein Hindernisgrund sein, daß Du mich bitte einmal anrufst oder mir schreibst. Auch wenn ich von Dir einen negativen Bescheid bekommen sollte, bitte ich Dich mir zu schreiben. Wenn nicht, wünsche ich Dir Erfolg mit den nächsten Menschen.

Dein unbekannter Antworter

Erich

Yo Boy,

oder auch ganz einfach: Hi!!! - ich lauere ja gelegentlich immer wieder auf die Anzeigen in der Hoffnung daß ich endlich mal einen jungen Boy finde, den ich cool finde und der mich auch cool findet...leider war dies bislang noch nicht der Fall und nun versuch ichs halt mal wieder aufs neue, und heute kriegst Du also Post von mir. Mach Dir selbst ein Bild, ob ich irgendwie Dein Fall bin oder so.

Damit Du weißt wer ich bin, hier also ein paar (hoffentlich coole) Facts zu mir: Also me is - Daniel Jannek, 27/188/74, kurze dunkelblonde Haare (jetzt allerdings cool blond gefärbt!!!) und bin halt als Skateboarder einzuordnen.

Ich hatte zwar mal eine Freundin, bin aber jetzt solo, weil ich halt doch für mich festgestellt habe, daß ich mich in der Nähe von Jungen wohler fühle als in der von Mädels...zumindest möchte ich in deren Armen liegen und drehe mich extrem oft nach denen um!
Ich hänge viel mit meinen Kumpels rum, alle so um die 14/16 bis 20, die auch alle sehr gut und echt cool und genial ausschauen. Aber im großen und ganzen bin ich dann echt zu feige, und traue mich nie zu sagen was mit mir los ist. Dir sage ich es mit diesem Brief nun aber doch! Ich renne alle 14 Tage zum Friseur und investiere mein ganzes Geld in teure Markenklamotten und telefoniere wahnsinnig gern.

So... wenn Du willst, dann meldest Du Dich.... ich bekomme sehr sehr gern Briefe, auch mit einem oder zwei coolen Fotos, damit ich weiß wer mein Gegenüber ist - grinzzzzzzzzzzzz!!!! - Wir könnten uns dann ja gegenseitig in die schwule Liebe einführen. Also paß gut auf Dich auf und laß die Hände über der Bettdecke - frechgrinzzzzzzz!

Daniel Jannek

DEVOTER UND HÜBSCHER, UNBEHAARTER LEHRLING (SCHLANK) ERSEHNT SICH EINE ABSOLUT TABULOSE ERZIEHUNG. ALLES IST MÖGLICH! KEINE TABUS !

Lieber Unbekannter Boy

Ich bin 46/178/67, sauber und diskret und gesund, kein Opa-Typ! Zur Zeit mit blankrasiertem Kahlkopf, aktiv und auch passiv, und ich würde mich gerne von Dir französisch verwöhnen lassen.
Kann Dich auch sonst noch hart rannehmen und Dich mir gefügig zu machen, um Dich anschließend arschfickend zu mißbrauchen.

Solltest Du ab und zu eine Züchtigung brauchen?

Muß Dein Arsch ab und zu versohlt werden?

Dann wärst Du bei mir richtig! Habe viel freie Zeit, auch tagsüber und natürlich am Wochenende. Und wenn Du nun noch eine sturm-freie Bude hast, in der ich Dich besuchen kann, dann ruf mich sofort an.

Tschüß

Bruno

Hallo,

ich schreibe Dir aufgrund Deiner Anzeige im......
Ich heiße Harald, bin 23 Jahre alt, 190 cm groß und schlank.
In Sachen Sex bin ich aktiv und beherrschend und sehr experimentierfreudig.
Dein Foto hat mich wirklich total geil gemacht. Ich möchte Dich unbedingt zu meinem Lustboy abrichten.

Erst lasse ich Dich meine Füße küssen und danach meine Arschvotze gründlich auslecken, um Dir danach meinen

harten Schwanz in den Rachen zu rammen bis Du darum bettelst, daß ich Dir meinen steifen Kolben in Deine enge Arschvotze schiebe. Dein nackter Körper wird in Sperma und Pisse gebadet.
Uniformdrill, Demütigungen und Sex+Drill in freier Natur werden ebenso zu Deiner Ausbildung gehören.

Bis bald

Harald

Hallo geile Sau !

Melde Dich bei mir zum totalen Sex. Wie der Spieß werde ich Dich als Rekruten mit Befehlen bombardieren. Ich werde Dir Sexbefehle erteilen. Ich werde Dir Dein Gesicht mit meinen Samen vollspritzen, wenn Du nicht sofort gehorchst wirst Du gnadenlos ange-pinkelt.

Auf Befehl wirst Du mir meinen Schwanz blasen und meine Eier lecken. Also melde Dich sofort zum Appell für eine geile Ausbildung.

Melde dich sofort Du geile Sau, Du brauchst einen tüchtigen Ausbilder, der Dir nichts schenkt. Ihr jungen Menschen seid viel zu verweichlicht. Es ist Schluß mit lustig! Deine Uniform werde ich Dir stramm ziehen und Du wirst absoluten Gehorsam lernen. In der Grundausbildung werde ich Deinen Willen brechen.

Dein Albert

Hallo,

Deine Annonce im...... hat mich mächtig neugierig gemacht. Deine Schlußbemerkung, Du wärst völlig tabulos, läßt etwas erhoffen und erwarten, nämlich einige supergeile gemeinsame Stunden, wo wir gemeinsam auf unsere Kosten kommen. Du hast etwas, was ich schwer beschreiben kann, Du bist irgendwie so richtig griffig, fleischig, gutgebaut, dazu noch unbehaart, was ich sehr

mag, meinen Vorstellungen entsprichst Du also ziemlich genau, auch was dem bizarren Sex anbetrifft. Und mit den entsprechenden kleidungsmäßigen „Zutaten" werden wir uns schon arrangieren.
Ich erwarte von Dir, daß Du meine Wünsche befriedigst, ausdauernd, lüstern und phantasievoll bist. Du mußt für verschiedene Spiele zu gebrauchen sein, die uns Spaß bereiten.

Ich bin Andreas 42/172/75, ganz gut erhalten, schwarze Haare, Schnäuzer, normale Statur, behaart und gut gebaut. Hoffentlich stört Dich der Altersunterschied nicht, ich möchte ihn durch meine Erfahrung und durch eine besondere Intensität beim Bemühen um Dich ausgleichen. Je mehr Du es verstehst mich zu reizen (im positiven Sinne), d.h., mich anzumachen, Deinen Körper geil einzusetzen, meine Wünsche zu erfüllen, Deinen Arsch herauszustrecken und die Schenkel zu spreizen, um so mehr werde ich mich revanchieren.

Nun bist Du erst einmal dran. Das nächste Mal werde ich noch ausführlicher und konkreter von mir berichten, sofern Du mir antwortest.

Viele Grüße aus Karlsruhe
nach Hamburg

von Andreas

Hallo Du norddeutsche Drecksau

Ich bin der Uwe, bin 187cm groß, 94 Kilo schwer, sportlich und 29 Jahre alt. Absoluter Uniformfan und Pissegeil. Ich möchte mit Dir in Uniform rumgeilen. Ich ficke Dich, pisse Dich an und laß es Dir vor mir selber machen. Du mußt mir einen blasen und wenn das nicht gut ist werde ich Dich bestrafen. Dann wirst Du in der Ecke stehen und kleine Sportübungen machen. Alles ohne Gewalt und Safer-Sex natürlich !
Also schreib schnell an.....

Bye Uwe

Hallo
Ich bin Bernd, 28 Jahre alt, 1,70 groß und wiege 70 Kg. Ich sehe aus wie 20 und habe eine sehr gute Figur und bin immer geil, ganz besonders auf tabulose Phantasie-spiele.
Ich habe Deine Anzeige im...... gelesen, und ich muß sagen, sie klingt sehr vielversprechend.

Ich möchte gerne meine dominanten Phantasien mit Dir verwirklichen. Du meldest Dich also so schnell wie möglich schriftlich bei mir mit Deinen Vorstellungen (egal wie verdorben) und ich mache dann einen Treff-punkt aus.

Meine Vorstellungen:
Ich erziehe Dich zu meinem absolut gehorsamen Leck-sklaven und Leckdiener. Solltest Du mir auf irgend eine Weise nicht gehorchen, dann werde ich Dich an den Hän-den und Füßen fesseln. Und wenn Du dann schön wehrlos da liegst, werde ich mich mit meinem nackten knackigen Arschloch auf Dein Gesicht setzen. Dann wirst Du von mir erzogen. Du wirst den Hintern so lange lecken und auslutschen müssen, wie es mir gefällt. Zur Belohnung darfst Du dann geile Fürze von mir schnuppern. - Na, schon Appetit bekommen? Los, melde Dich sofort bei mir! Unterwirf Dich mir!

Wenn Du einmal einen wirklich gutaussehenden Boy aus-geliefert sein möchtest, melde Dich! Mein großer Schwanz wartet auf Dein kleines williges Arschloch.
Also Sklave, jetzt bist Du an der Reihe. Bewirb Dich!

P.S: Ein geiles Foto von mir. Wenn es Dir gefällt, darfst Du es behalten. Das kostet dann einen ganzen Tag für mich Lustsklave zu sein. (Auf dem Foto lasse ich gerade einen duftenden Furz los. Stell Dir vor, er ist für Dich.) Los melde Dich bei mir und riech und leck!

Los, Nigger! Ich will mit Dir spielen! Ich bestimme die Spielregeln! Wenn Du gut und willig bist, ficke ich Dir in den Mund und Du darfst dann meine geile Soße schluk-ken, bis auf den letzten Tropfen.
Und wenn Du nicht gehorsam bist, wirst Du Dich wehrlos um mein nacktes Arschloch kümmern. Du wirst schon mit

der Zeit auf den Geschmack kommen.

Dein Meister

Bernd

Na Du kleiner Drecksack

Sitzt Du nun schon wieder vor der Post, die Du auf die Anzeige bekommen hast und geilst Dich daran auf? Damit ist jetzt Schluß!!!
Setz Dich ans Telefon und ruf mich an, damit ich Dich züchtigen kann. Du bist willig und gehorsam ? Dann los, melde Dich!!!
Ich bin 38 Jahre, 183cm, 83 Kilo.
Mein Pisser ist 20x6 !!!

Um Dich in Deiner Unterwürfigkeit zu befriedigen würde ich mir schon einiges einfallen lassen. Vielleicht hier ein paar Beispiele:

Du müßtest meinen Körper mit Deiner Zunge ganz langsam verwöhnen. Du selbst bist dabei natürlich nackt. Nachdem Du mich richtig geil gemacht hast, stecke ich Dich in die Badewanne und verpasse Dir erst einmal einen Einlauf, denn sauber muß mein devoter Junge schon sein. Nachdem nur noch klares Wasser
Deinen Darm verlaßt untersuche ich Deinen Darm erst einmal mit den Fingern, um festzustellen, ob auch wirklich alles sauber ist.

Stehe außerdem auf Poppers, Leder, Gummi, enge Jeans, Slips, Sackhalter.

Ich bin schon richtig geil !!!

Gruß Gerhard

Hallo,

habe Deine Kontaktanzeige vergangene Woche im...... gelesen und bin daran interessiert näheres über Dich zu erfahren, da ich für die Wochenenden - nach Vereinbarung - einen schlanken, sehr devoten Boy suche, um ihn im Haus und im Freien zu meinem persönlichen Sexsklaven abzurichten.

Unbedingte Voraussetzungen auf beiden Seiten sind 100 % Diskretion, Gesundheit und Sauberkeit - finanzielle Interessen, „halbseidene Typen" und Briefwichser oder Spinner zwecklos.

Ich bin Anfang 40-er, 174, 68, ruhig, sehr konsequent und streng, aber fair! Ich wohne in der Nähe von Hamburg.

Zu meinen Wünschen könnte sich eventuell NS gesellen, aber auf gar keinen Fall dirty (abgesehen von Klistier vor FF); außerdem mag ich keine TV-Erziehung. Es sei denn, Du stehst da total darauf.
Als Belohnung dürftest Du dann hin und wieder Frauenkleider tragen. Ansonsten aber bist Du ständig nackt, und um keine Mißverständnisse aufkommen zu lassen: Als Schwuchtel oder Tunte verkleideter Mann brauchst Du gar nicht erst weiterzulesen!!

Solltest Du trotzdem interessiert sein, so erwarte ich Deine umgehende, ausführliche Antwort, mit genauer Körperbeshreibung, einem Sex-Lebenslauf, Wichs-Protokoll, besonderen Vorstellungen und eventuellen Tabus, Termine, Möglichkeiten, sowie einem Gesichtsfoto.
Ich warte!

Mit strengem Gruß
Michael

Unbekannte Sau:

Habe gelesen Deine Anzeige, und wirklich, sie hat mich geil gemacht. Ich glaube Du bist die richtige Hure für zwei starke Hände. Ich bin Seefahrer, bin 40 Jahre alt, athletisch, schwarze Haare, braune Augen, sehe ganz gut aus, mit einem Riesenkolben und jeder Menge Toys.

Ich habe ein Haus in Hamburg und erwarte Deine Nachricht, damit Du mir Dein Loch anbietest. Du wirst auf alle meine Kommandos hören und ich erwarte daß Du Dreckstück sofort auf die Knie gehst, wenn wir uns sehen. Dann mußt Du Deinen Arsch rauspellen.

Zudem wirst Du meinen Riesenkolben jeden Morgen frisch aussaugen.

Bis bald
Dein Meister

Eduard

Na !

Deine Anzeige im..... hat mich tierisch angemacht.

Mein Sperma stand mir gleich auf der klebrigen Nille. Ich hasse lange Briefe und komme deshalb gleich zur Sache.

Zu mir: 33,186,73, absolut aktiv und beherrschend, 24 x 4,5 cm, kurze Haare, blaue Augen und an Arsch, Eiern und Schwanz bin ich rasiert.

Vorlieben für: aktives Abficken mit Dildo oder Schwanz.
Mag langes Rumsauen in Öl.
Außerdem fahre ich auf Öl, Poppers, Cocain, Natursekt, Kavier oder Dirty ab. Liebe tiefes Maulficken, abrotzen von Rotze und Sperma in alle Löcher, warme Pisse-Einläufe in Deine triefenden Löcher.
Bevorzuge Sex in Uniformen, Leder oder nackt.
Packe gerne Deine Fresse und drücke sie an meine Löcher und an meinen Schwanz zum Sauberlecken. (gerne nach dem Abschleimen) Anschließend erhältst Du tiefe Face-Sittings.

Wäre schön, wenn Du ein echtes Schwein für tabulosen Sex wärst und mir als Abrotzmelker nach tiefen Maulvotzen-Spezials zur Verfügung stehst.

Unabhängig vom hier Beschriebenen können wir auch unseren eigenen Tourenplan zusammenstellen, denn es soll uns ja beiden die säuische Lust befriedigen.

Auf eine schnelle Antwort wartend

Jens

Hey Typ !

Deine Anzeige im...... find ich rattenscharf!
Ich hätte Bock drauf Dich ein bißchen zu quälen....

ICH: Skin, 24, 174, 65, rasiert, fetter Schwanz. Stehe neben Demütigungen jeder Art, u.a. auf Pisse, Rotze, Sperma und so (safe!)
Wenn Du Dir noch die Schamhaare wegrasierst und Dich auch ordenlich schlagen läßt, könnte es was mit uns werden. (Dirty und Vorführung sind nicht mein Ding.)
Ich habe auch nicht allzuviel Erfahrung mit SM, habe aber schon ziemlich konkrete Vorstellungen vom dem was abgeht, wenn wir uns treffen sollten.
Keine Vorlaberei: Ich ziehe mein Ding voll durch und mach Dich richtig fertig!!! Und entweder Du kommst dann wieder angekrochen oder Du läßt es eben bleiben.
Ruf mich sofort an und frag nach Kai (wohne in einer WG)

P.S: Auf Tarnklamotten stehe ich sehr. Mein Foto ist zum vor-wichsen. Vergiß aber nicht, schon mal Dein Sperma aufzulecken!

Pisse saufen und Mundficks sind ein Muß!

Dein SKINMASTER

Hallo Maso

Deine Anzeige im...... ist eindeutig und deshalb will ich 33/170/63
Dich zu meiner Sau machen. Du wirst alle meine (auch noch so perversen Wünsche) erfüllen, und tun was ich Dir befehle. Du wirst Leder, Gummi, Ketten, Pisse, Einläufe und Fesselungen erleben. Dein Arsch werde ich besonders behandeln - mit Dildos und Spielzeugen aller Art. Du wirst mit Schwanz und Faust gefickt und mußt meinen stinkigen und ungewaschenen Körper sauberlecken. Wenn Du dann meinst das Du immer noch nicht genug hast, werde ich Dich zum Toilettenboy abrichten und Dich auch an Scheiße gewöhnen.

So, genug geredet. Hast Du Interesse Dich mir auszuliefern?
Gut, dann melde Dich mit Deinen Vorstellungen und Wünschen bei mir. Ebenso legst Du ein Foto von Dir bei. Alles was geschieht, sind nur Sachen die SAFE und in gegenseitigem Einverständnis ablaufen. Schreibe daher genau was Du nicht machen willst!

Dein Sir

Hi Unbekannter,

gestern habe ich Deine Anzeige gelesen und dachte mir darauf könntest Du einmal antworten.
Ich bin 20 Jahre alt, 172 cm groß, 85 Kg schwer (also nicht schlank) und leicht behaart.
Aus Deiner Annonce, die ich übrigens sehr stark fand, konnte ich herauslesen, daß Du gerne erniedrigt werden willst. Dein Wunsch soll mir Befehl sein. Zunächst aber möchte ich von Dir wissen, wie weit ich bei Dir gehen kann. Leichtes SM ist doch wohl auf jeden Fall dabei? Auch möchte ich Dich fesseln und solange vor mir liegen lassen bis Du Dich voll eingepisst hast. Ich werde Dir dann Deine Pisse in Deine Haut einreiben. Anschließend werde ich Dir in den Mund und in Deine Arschvotze pissen. Weiterhin werde ich Dich sehr ausdauernd ficken

bis Dir die Sahne aus den Ohren läuft. Desweiteren darfst Du meinen Schwanz in den Mund nehmen und ich werde ihn Dir bis zum Samenerguß reinstoßen.

Vielmehr möchte ich fürs erste nicht verraten, außer daß ich Dir Deine Arschvotze solange lecke bis Du von alleine abspritzt. Lass es einfach auf Dich zukommen.
Die erste Aufgabe die Du für mich zu tun hast lautet: Du mußt eine Short (Slip) 4 Tage ununterbrochen tragen und mindestens dreimal während dieser Tage reinwichsen. Diese schickst Du mir dann ungewaschen zu. Desweiteren legst Du ein vollgewichstes Kondom bei.
Die Hälfte der Portokosten erstatte ich Dir bei meinen nächsten Schreiben. Deinem Antwortbrief legst Du bitte eine genaue Beschreibung von Dir bei. Auch solltest Du eine Reihe von Aktfotos von Dir beilegen (Ganzkörper, Schwanz, Arsch, Füße, Eier).
Vielleicht kannst Du demnächst schon einen Ausflug zu mir einrichten und dann könnten wir beispielsweise im Wald Zelten gehen und 2-3 Tage uneingeschränkt unsere Neigungen ausleben.

Meine Hobbies sind: Fußball, Computer und wichsen....
Da ich noch bei meinen Eltern wohne, kann ich Dir momentan nur meine Handynummer geben.

Hallo Boy

Ich habe Deine Anzeige im...... gesehen und möchte Dir gerne schreiben. Also, ich heiße Dietrich, bin 40 Jahre alt, sportlich schlank, 177cm groß und 70Kg. Ich bin auf der Brust gut behaart und an den Beinen und den Bauch natürlich auch.

Sicherlich bin ich beherrschend! Schön wäre es wenn Du mir ein richtiges Bild beilegen könntest. Ich wohne in Leer. Ich bin ein männlicher Typ. Vielleicht entwikkelt sich aus uns noch mehr? Hoffentlich gefällt Dir mein Bild? Gerne habe ich Dich als Unterworfener!
Meine Telefonnummer ist........

Durch meinen Dienst bin ich nicht immer zu erreichen,

dann ist der Anrufbeantworter eingeschaltet (darauf kannst Du mir eine Nach-richt hinterlassen)
Du kannst mich am 12.14.17.18. und den 19. gut erreichen, aber am 13.15.19 und 20. kannst Du mich nicht so gut erreichen.

Bis bald

Dietrich

Hallo unterwürfiger Boy

Hast Du Lust einen geilen Freundespaar zu dienen?
Leck- und Blasdienste, NS, Anal und Gesichtsbesamung?

Günther ist 30 Jahre alt, 1,82 Meter groß, 78 Kilo schwer, attraktiv und eine sehr erotische Ausstrahlung.

Ich bin Holger, 1,72 Meter groß, 72 Kilo schwer, sportlich und 47 Jahre alt.

Wir warten auf Deine positive Antwort Du kleines geiles Ferkel.

Mit geilen Grüßen

Holger & Günther

Hallo Sklave, hier schreibt Dir Dein neuer Meister,

der Dir nun die ersten Anweisungen gibt.

Du bist mein Sex-Sklave, meinen Anweisungen hast Du zu gehorchen, Du hast nur Sex-Dienste zu leisten, Du wirst Dich mir unterwerfen. Auf Befehl wirst Du meinen Schwanz 19x5 blasen und lecken - meinen Sack bearbeiten und die Eier in Deinen Mund saugen bis ich Dir einen anderen Befehl gebe. Dann wirst Du mich ficken pur und ohne Gummi - tief und lang ohne Besamung. Du hast

Abspritzverbot! Ich werde Dich meisterhaft bearbeiten, Dir Deinen Schwanz herrlich massieren. Und wenn Du brav bist, dann werde ich Dich auch pur und ohne Gummi ficken. Als Belohnung werde ich meinen Samen in Deinen Mund und Gesicht spritzen - und da bleibt er dann - kein Abwischen! Bist Du ungehorsam werde ich Dir in Deinen Darm pissen! Du wirst stundenlang mir ohne Ab-spritzen dienen müssen! Du erhältst eine geile Eierbehandlung von mir. Erst beim letzten Fick erlaube ich Dir mich zu besamen. Du kannst alles in mich hineinspritzen - auch mehrmals - lasse Dir freien Lauf, spritze alles in mein Loch!
Du wirst Deine Arbeit nur auf Befehl machen, nur geilen Sex und ohne Gewalt.
Ich schlage vor, daß Du zu mir kommst. Dann fahren wir in meiner Nähe zu einen Autobahnhotel. Da kannst Du mir dann die ganze Nacht als Sklave dienen.

Antworte mir!
DAS IST EIN BEFEHL !!

Uli

Hallo,

devoter Boy! Ich bin auch devot. Wie wäre es, wenn wir uns gegenseitig erziehen? Ich bin behaart, kann mich aber auch rasieren, auch Intimrasur ist möglich. Ich (25/186/70) bin relativ gut bestückt (19x5) und wünsche mir heißen Sex. Zunächst möchte ich aber nur schreiben. Bitte schreibe mir auch ein paar versaute Sex-Storys.
Ich träume davon meinen nackten Oberkörper an Dir zu reiben. Die ersten Erregungstropfen Dir an Deinen Mund zu schmieren. Du machst das gleiche bei mir. Dann fesselst Du mir die Arme nach hinten und meine Beine zusammen und spielst mit Deiner Zunge an meinen Schwanz herum, leckst meine Brust, nimmst eine, aus Paketschnur gebastelte Peitsche (siehe Fotos) und schlägst damit auf meinen Schwanz und meinen Oberkörper. Dann kinee ich mich hin und Du schlägst meinen Po und meine Eier. Vielleicht legst Du mir auch eine Halsleine um

und läßt mich Sklavendienste tun. Das gleiche würde ich auch für Dich machen.
Schreibe mir bitte was Du so magst, aber bitte mit Photo!!
Äußerste Diskretion ist angesagt. Schreibe mir auch, ob Du mich geil findest?

Sönke

Hallo Du geile Sau

vom Text und den Foto her gefällt mir Deine Anzeige sehr gut. Du scheinst ein versauter, tabuloser Mistkerl zu sein, der sich von einem dominanten Meister gnadenlos rannehmen läßt.

Ich muß Dich leider in der Weise enttäuschen, daß ich ein entsprechender Meister leider selbst nicht bin. Ich tendiere da eher in Deine Richtung, und lasse mich auch lieber benutzen bzw. abrichten. Sorry!

Da ich auf dem Gebiet noch Anfänger bin, würde ich gerne dabei sein, wenn ein Meister eine absolut tabulose Sau hart fertig macht.

Ich könnte mir vorstellen, daß es auch für Dich ein geiles Gefühl sein muß, bei Deinem Erniedrigungen beobachtet zu werden. Ich würde einfach alles stumm beobachten, oder aber auf Anordnung Deines Meisters diesem als Lehrling) behilflich sein. Also Dich anpissen, Dir in die Fresse spritzen, Deine Arschvotze dehnen, etc....
Meine Daten 29/176/65, beschnitten und rasiert.
Wenn Dir meine Idee gefällt, schreibe mir bitte Deine Vorstellungen. Wenn Dir meine Idee nicht gefällt, dann werfe diesen Brief einfach weg. oder schicke mir dann bitte auch mein Foto zurück.
Ich hoffe Dich bald bei Deiner Abrichtung beobachten zu können.

Geil Grüße

Torsten

Hallo

melde mich auf Deine Annonce in......

Zwar suchst Du in Hamburg und Umgebung, was für Berlin ja nun nicht mehr unbedingt zutrifft. Da man aber Hamburg in nicht einmal ganz drei Stunden erreichen kann, denke ich, ist es o.k.

Typen, die über geilen Sex nicht nur geil quatschen, sondern ihn auch echt machen sind relativ rar.

Bin vor allem ein Rotz- und Piss-Fan und habe ständig Druck auf meiner Blase und kann reichlich! - nicht nur Pisse abgeben - nackt und in Klamotten.

Stehe außerdem auf Zuhälter-Stricher-Rollenspiele. Würde es total geil finden Dir richtige Stricher vom Bahnhof zu besorgen, die Dich dann besteigen und vollsiffen! (ohne Gummi!!!)

Also, wenn Du extrem versauten Sex suchst, bist Du bei mir richtig
Ich 32/182/75/18x5 beschnitten - Rest: siehe Fotos

Bewirb Dich mit Foto oder - wenn Du keinen Bock hast - schicke mir Deine Fotos zurück.

Bis bald, Du geile Drecksau !

Hallo Du geiles Dreckschwein

ich beziehe mich auf Deine Anzeige in der........
Nun bin ich zwar nicht der beherrschende Mann den Du suchst, aber dafür bin ich total versaut!
Vorweg will ich Dir aber sagen, daß Du total mein Typ bist. Du bist jung und unbehaart (auch am Arsch?).
Als Dreckschwein hast Du am ganzen Körper (mit Ausnahme vom Arsch und Füßen) ungewaschen zu sein. Du mußt nach Schweiß und Körpergeruch stinken. Dazu hast Du nur lang getragene Kleidung anzuziehen. Deinen Slip mußt Du meh-

rere Tage (oder sogar mehrere Wochen) getragen haben. Natürlich werde ich Dich anpissen und bespucken. Aber da ich auch selbst darauf stehe, können wir uns doch gegenseitig anpissen und anspucken? Anschließend würden wir die Pisse in unsere Haut einreiben.Was Spucke anbelangt, mußt Du bereit sein, mir auch Deine Spucke in den Mund zu rotzen. Außerdem will ich von Dir vorgekaute Speisen essen. Du mußt Dir in der Nase bohren und ich lecke danach Deinen Finger ab. Du leckst meine Eier, meinen Schwanz, meinen Körper, bis hoch zu meinem Gesicht. Wenn Du das Bedürfnis verspürst zu rülpsen oder zu furzen, dann hast Du das laut und vernehmlich zu tun. Dann ist es egal wo sich meine Nase gerade befindet.

Was würdest Du davon halten, wenn wir jeweils einen Negerkuss auf unsere Schwänze aufspießen? Dann essen wir nicht Eis am Stiel sondern Negerkuss am Schwanz. Na, daß wär doch was, oder?
Was hast Du für geile Wünsche? Wem hast Du schon aufgrund Deiner Anzeige kennengelernt? Schreibe mir Deine dunkelsten Phantasien.

Nun kurz zu meiner Person: Ich bin 53 Jahre alt, 168 cm groß und 62 Kg leicht. Auf der Brust bin ich leicht behaart und am Arsch nicht rasiert. (Noch kannst Du Dir aussuchen ob er ungewaschen sein soll!)

Wenn Du mich anrufen solltest, wundere Dich nicht, wenn nicht ich selbst gleich am Apparat bin und sich ein anderer meldet. Ich wohne nämlich in einer Wohngemeinschaft.

Nun hoffe ich von Dir zu hören
Dein versauter

Günther

Deine Anzeige im...... hat mich interessiert.

Ich bin 38, 180, 86, sehr großzügig, selbstständiger Kaufmann und lebe in Hamburg.
Ich könnte Dir ein Job als Sklave anbieten, auf mehr

oder weniger regelmäßiger Basis für 2-4 Abende im Monat bei mir zu Hause.
Bitte antworte mit Bild an meine Büroadresse.
Ich freue mich auf Deine Post und hoffentlich ein baldiges Kennen-lernen. Es soll Dein Nachteil nicht sein.

Beste Grüße

Volker

Hallo

Ich schreibe auf Deine.......
Ich wohne ganz in Deiner Nähe und will Dich sehen!
Ich bin gerade einmal 50 Jahre alt geworden, groß und schlank.
Ein aktuelles Bild liegt bei.

Ich würde Dich gerne abrichten, nur leider hast Du in Deiner Anzeige gar nichts von Deiner Schmerzgeilheit berichtet.
Ich meine, Schmerzen müssen doch sein, Z.B. Tittentrimm, Wachs, Sack einschnüren. Peitschenhiebe, Rohrstock und leichte Elektroschocks!?

Wenn Du also Lust hast dann schreibe mir.

Viel Grüße

Oscar

Hallo Du kleiner Schlund

Du sollst für mich nackt den Boden putzen und mit der Zunge meinen Saft, den ich Dir aus ungehorsam auf den Tisch gespritzt habe, auflecken. Du darfst nur noch ein kurzes Hemd tragen und hohe Turnschuhe. Ich möchte mich daran aufgeilen, wie Du auf dem Boden liegst und Schwimmübungen machst. Deine Beine spreize ich Dir dabei, bis ich Dein Arschloch sehen kann. Deinen Schwanz ziehe ich

Schicke mir sofort Bilder von Dir und sage mir wann ich Dir in den Mund ficken kann.

Bis dann, mein kleiner Wichser

P.S: Schreib mir mit Foto und teile mir mit ob ich Dich auch in Deine Muschi ficken kann. Und schluckst Du auch meinen Samen?

Hallo Unbekannter

Deine Anzeige hat mich ganz schön beeindruckt. Du scheinst ja eine strenge Hand zu brauchen.
Ich bin zwar eher freundlich, aber wenn Du Strenge brauchst, dann kriegen wir das schon hin, und werden dabei beide viel Spaß haben.
Wie Du auf dem Foto siehst, bin ich Polizist. Aber keine Angst - Freunde habe ich noch nie angeschissen, und privat kann ich über alles hinwegsehen.

Ich bin 28 Jahre alt, wiege 80 Kilo, bin 186 Zentimeter groß und total gespannt auf Dich!

Vielleicht entspreche ich ja gar nicht Deinen Vorstellungen, wenn wir uns treffen - kein Problem für mich! Ich würde Dich trotzdem freundschaftlich behandeln. Und über meinen Beruf brauchst Du Dir wirklich keine Gedanken machen. Drogenkonsum oder irgendwelche andere Sünden aus der Vergangenheit machen überhaupt gar nichts! - Damit kann ich gut leben.

Es kann ja auch zärtlich ablaufen, aber wenn Du möchtest probiere ich mit Dir die „schönsten" Polizeigriffe durch, natürlich nur soweit, wie Du daran Spaß hast. Möchtest Du auch gefesselt werden? Kein Problem! Handschellen sind schließlich vorhanden.
Und dann werden wir viel Spaß haben, in Form von grenzenlosen, traumhaften Sex.

Bis bald

Moritz

Hallo Du!

Dir schreiben wohl alle Perversen Deutschlands auf Deine Anzeige? Ich würde Dir gerne mal beim pissen zusehen und Dir Deinen geilen Arsch versohlen.
Stehst Du darauf ? Ach, bestimmt!

Du sollst Dich schön weit überlehnen und ich werde Dir Deine Votze mit einem dicken Dildo richtig gut durchfegen! Du wirst nach mehr schreien!

Schreib mir, was Du denkst. Ich bin Peter 33/180/84 kg aber O.k. ! Und mein Schwanz wird für Deinen Arsch schon gut genug sein.

Ich bin oft in Norddeutschland,
dann komm ich Dich ficken !

Gruesse

Peter

Du Stück Dreck.

Ich will ein Sklavenarsch ganz für mich allein!
Oder glaubst Du, ich möchte an Aids krepieren? Du brauchst was auf den Arsch! Und Deine Haare müssen alle ab, Du Drecksvotze. Du sollst Pisse saufen! Du kleines elendes Stück Scheiße! Ich will Dich für lange Zeit und will Dein Gehorsam bis zum letzten voll auskosten. Du wirst mich auf Befehl lecken. Du wirst Dich mir als perfekte Hure zeigen. Ich will das Du mir Deine Arschvotze zeigst und ich werde diese gebrauchen, denn Du bist mein williges Objekt, welches mir zur Verfügung zu stehen hat.

Du wirst auch nicht an Dildos, Gewichten und Peitsche vorbeikommen. Du hast meinen Willen zu folgen und selbst wenn es noch so pervers ist, so daß Du Alpträume davon bekommst. Auf der anderen Seite wirst Du auch lieb zu mir sein müssen.

Ich will Dich ohne Haare - Sklaven haben keine Haare! Ich will ein Höschen wo Deine Eier raushängen, damit Du immer kapierst das Du meine perverse Schlampe bist. Du hast sauber zu erscheinen damit meine Nachbarn nicht mit dummen Redereien loslegen. Du hast ausgeschissen zu sein und Deine Fotze muß gewaschen sein.
Du mußt Dir mit perversen Körperverrenkungen meine Gunst erwerben. Du wirst meine Arschspalte lecken und mir diesen Arschlochleck nicht verweigern.
Dann werde ich Deine geile Votze in Gebrauch nehmen und Dir meinen Saft rein spritzen. Das ist dann die Besitznahme meines perversen Lustobjekts! Dann kriegst Du meinen Schwanz zum Säubern in Dein gieriges Mundwerk. Tu bloß Deine Arbeit! Mach es gut Du hündischer Dreck! Du wirst Dir Dildos, Peitschen und Brustklammern selbst kaufen müssen. Ich habe einen Katalog und da werden wir dann die dollsten Dinger für Dich raussuchen.

Also, rufe mich an Du Dreckschwein

Rudi

Hallo, mein Untertan

Du willst, daß man Dich erniedrigt?
Du kannst Dir eine Wochenend-Erziehung bei mir verdienen.
Ich bin 30 Jahre alt und aus Berlin - lade Dich gerne einmal zu mir ein. Ich bin groß und schlank - mein Schwanz 20x4. Ich stehe auf alles was meinem Partner gefällt.
Schon beim kennenlernen hast Du mir zu gehorchen. Du antwortest nur wenn ich es Dir sage. Als erstes fahre ich mit Dir in den Wald - dort hast Du Dich dann nackt auszuziehen. Ich will dann erst einmal mein Ferkel betrachten. Anschließend wirst Du Dich vor mir nackt hinknien und ich will sehen, wie Du Dein Arsch leeren tust.
Zu Hause werde ich Dich richtig säubern. Du wirst erst einmal eine Arschbehandlung erhalten. Ich werde kurz und zart versuchen Dich zu fingern. Du erhältst dann einen Schlauch in Deine Votze und ich werde Dich so lange säubern bis aus Deinem Arsch klares Wasser kommt.

Ich werde Dich von oben bis unten bepissen. Du sollst geil und stinkend vor mir knien.
Du sollst betteln - wenn Du was willst - ob pissen, kacken oder fressen - Ich erlaub es Dir !
Und wenn Du nicht hörst und Du zu ungezogen bist, kannst Du auch gerne den Arsch versohlt bekommen (stehe eigentlich nicht auf Gewalt - aber wenn Du es brauchst - bekommst Du es auch). Ich selber mag es gerne wenn man mich hart anfäßt - am Arsch und an den Titten.
Du sollst mich aufgeilen - blasen - wichsen - ficken usw.
Du bekommst ein Gummihalsband - Ich werde Dich an einer Leine zur Toilette führen. Du bekommst Deine eigene Toilette und wirst diese dann jedesmal reinigen. Ich werde Dir im Haushalt Aufgaben geben die Du dann zu verrichten hast.

Also - wie sieht es aus - Interesse?
Wie stellst Du Dir das erste Treffen vor?
Du kannst mir ruhig alles schreiben - nur keine Angst!
Ich hoffe Du wirst antworten - Du willst doch lieb sein und artig? - Du willst doch gehorchen?

Dein Erzieher

Mein 2. Versuch !

Was ist los - mein Untertan?
Ist meine Post nicht bei Dir eingetroffen, Du kleines Schweinchen?
Ich hoffe, Du wirst keine Angst haben mir zurück zu schreiben?
Wolltest Du nicht artig und brav sein?

Du kleines Ferkel wirst mir dieses Mal sofort antworten - nur so glaube ich Dir noch, daß Du lieb und artig sein willst. Du hast doch zu gehorchen - Ich gebe hier den Ton an!
Also erhälst Du noch einmal genaueste Einweisungen, Du Ferkel:
Bevor Du den Dienst bei mir antrittst wirst Du Dich nackt ausziehen. Du wirst vor mir stehen und ich werde

Dich betrachten - Dir Deine Eier kneten und mir erst einmal Deinen Arsch anschauen. Du wirst mich immer begleiten wenn ich aufs Klo muß. Beim Kacken wirst Du vor mir knien und während ich scheiße leckst Du mir die Füße. Wenn Du willst und möchtest wirst Du auch meine Pisse spüren. Für Deine fleißige Arbeit bei mir, ziehe ich Dir Deinen Schwanz lang, oder Du bekommst meine Hand auf Deinen Arsch zu spüren. Ich will Deine Titten lieben und Dich ficken.
Du wirst blasen, bis ich sage: „Stop!".

Mich reizt es wenn Du mit einen Steifen rumläufst. Ich werde Dir ihn zwischenzeitlich dauernd bearbeiten. Du wirst am Sack und an Deiner Votze rasiert! Du wirst oft meinen 20cm Schwanz zu spüren bekommen, erst einmal aber richtig fingern - ausdauernd! Du wirst Dir vor mir einen wichsen, es mir auf den Bauch spritzen und ablekken. Am Tag wirst Du mit schwarzer langer Strumpfhose laufen. Ich will Dein Schwanz und Deine Arschvotze im Blickfeld haben. Ich werde Dir sagen was Du sauber zu machen hast. Ich werde Dich auch Filmen! Ich möchte gerne eine Großaufnahme von Deiner Kiste haben. Möchtest Du gefesselt werden?

Magst Du Wachs auf Deinen Körper? Ich werde Dich in Folie einpacken und zusehen wie Du Dich bescheißen tust. Ich werde meine Votze mit Schlagsahne füllen und Du wirst sie lecken! Ich werde meinen Körper mit Schokoladenpudding beschmieren und Du wirst mich reinigen! Ich möchte Dir eine ganze geschälte Banane in Deine Votze schieben und zusehen, wie Du sie auskacken wirst. Wie weit ist Dein Arsch belastbar?

Dies ist Deine letzte Chance
Also los - antworte mir sofort !!!!

Dein Meister

Hallo Boy Sklavensau

Ich suche schon lange nach einer süßen leckeren Boy-Sklavensau, die mir ihren Körper zur Verfügung stellt, so wie ich es haben und erleben will.

Ich liebe den Boykörper von Kopf bis Fuß und ich will immer einen Boysklaven erleben und ganz für mich haben, er soll mir gehören, auch die Sexorgane liebe ich sehr, auch sie sollen immer mir gehören, die ich immer erleben will.

Der Sexsklave soll sich mir immer anbieten, soll mir auch immer seinen Sack, die Eier und seinen Schwanz anbieten und mit immer wieder hingeben, denn davon kann ich nie genug bekommen. Auch will ich den Arsch und das Arschloch angeboten bekommen für alle Sexspiele, wo ich meinen Spaß habe und ihn immer wieder erleben will. Dabei soll auch mein Sklave Befriedigung finden

Nicht sein Wille zählt sondern nur mein Wille, er muß hörig sein. Doch mein Sklave darf auch Wünsche äußern, was er selbst erleben will, dies ist aber das einzige was er äußern darf. Sonst hat er mir zu gehorchen und meinen Willen zu erfüllen.

Er muß sich mir ausliefern von Kopf bis Fuß soll er mir gehören!!!
Alle Sexspiele mit verschiedenen Utensilien, die der Sklave auch mitbringen muß, weil es seine Sache ist.

Auch soll der Sklave bei mir im Bett liegen, damit ich mich beim Schlafen wohlfühle, wenn ich die Sexorgane meines Sklaven ganz nah bei mir habe..

Der Saft meines Sklaven gehört immer mir, er darf nie alleine abspritzen. Auch müssen die Sackhaare meines Sklavens abrasiert werden. Haare da unten sind für mich sehr lästig.

Ich liebe alle Hodensack-, Hodengrößen und Schwanzgrößen, die Hauptsache ist, ich bekomme immer die Sexorgane angeboten.
Der richtige Dauersklave bedeutet mir alles im Leben, wenn er treu ist und sich mit immer unterordnet. Mag meinen Sklaven auch in tollen Dessous, damit ich mich an seinen Anblick erfreuen kann.

Mir ist es egal wo mein Sklave herkommt und wo er lebt, wenn er es nur ehrlich meint. Man kann jede Entfernung überwinden um sich zu sehen und zu erleben. Ich mag eine Beziehung aufbauen für die Zukunft, wo nur die Treue zueinander zählt.

Du sagst mir auch sehr zu, weil Du jünger als ich bist, was auch sein muß, denn durch den Altersunterschied erst, bist Du mir ja untergeordnet und ich bin sozusagen der größere Typ und Du der kleine Sklavenboy und die Sklavensau, die mir zusagt und gefällt, die ich lecker und interessant finde.

So, jetzt verlange ich von Dir dies, Du hast mir mindestens 10 geile Nacktbilder zu schicken, wo ich Dich ganz, von Kopf bis Fuß sehen kann. Mit schlaffen und mit steifen Schwanz, wo ich alles an Dir sehe, auch Bilder worauf Du abspritzt und wo ich Dein Arschloch sehe. Ich will auch Dein Gesicht sehen und erleben. Also hast Du mir erst einmal diesen Wunsch zu erfüllen, damit ich Dich schon mal vor unserem ersten Treffen erleben kann.

Ich kann mich fast immer in alle Boys verlieben. Wenn sie richtige Jungs sind, nicht tuntig und weibisch sind und sich so verhalten, weil ich einen richtigen Jungen erleben will. Alle Haarfarben sagen mir zu. Wenn Deine Haare zu lang sind werde ich sie Dir abschneiden, damit ich Freude an Dir habe. Du sollst einen guten Charakter habe, daß man sich auf Dich verlassen kann.

Jetzt zu mir:
Ein Bild hatte ich jetzt nicht, ich rechnete ja nicht mit Deiner Anzeige. Woher sollte ich wissen Dich zu entdecken? Es ist jetzt schon Samstag-Nacht und außerdem mußt Du mir ja meine Wünsche erfüllen, auch mit den Bildern. Wenn ich Dir irgendwann mal ein Bild gebe mußt Du zufrieden sein, ich bin ja Dein Herr und Meister. Aber ich sehe nicht übel aus, wie es die Leute so sagen und ich wirke auch viel jünger. Bin 172 cm groß und schlank, wiege 63 Kg, und wirke nicht wie um 50, wo ja viele Leute schon alt aussehen. Bin bartlos, was ich vom Sklaven auch verlange.

Bin herzensgut, sensibel, romantisch, aber immer herrschsüchtig und lasse mir nichts sagen, bestimme immer selber. Bin HIV und Aidsfrei, was ich vom Sklaven auch verlange. Habe immer gute Laune, liebe Musik, Natur , Sport, Tiere und männliche Sexorgane, und alles Schöne auf der Welt. Bin selbstständig und verdiene netto 5.000 Mark.

So, jetzt schreibe und stell Dich richtig vor - mit Nacktbildern - und allen cm Angaben von Schwanz und Sack und Deiner Haarlänge. Sei mein gehorsamer Sklave.

Kalle Muschke
Ruf mich an..... Sollte ich nicht da sein, melde ich mich auf dem Anrufbeantworter mit wir, es hört sich so neutraler an.

Hallo willige Drecksau

Ich bin bereit Dich abzurichten. Ich werde Dich benutzen wie es mir gefällt. Ich erziehe Dich zur absolut willigen dreckigen Hure - nach meinen Befehlen. Deine Anzeige hat meinen Bolzen gleich zum Abschießen gebracht. Du bist der, den ich brauche. Die tabulosesten Sex-Session wirst Du mit mir erleben!
Ich richte Dich zu allen saugeilen feuchten Sperma-Pissspielen ab. Ich werde Dich in allen Stellungen und an allen Orten durchficken und Dir nicht nur einmal mein Sperma und meine Hengstpisse in die Fresse und Arsch pumpen.

Ich lebe in einer Beziehung (daher Anschrift postlagernd - sorry), bin aber nicht ausgelastet. Ich bin total gesund und erwarte es auch von Dir.

1. Befehl: Donnerstag, dem...... wirst Du im Badehaus Dragon (ab 16.00Uhr) zur geilen Abrichtung für mich bereit sein. Erkennung/Treffpunkt: Auf der Toilette in der 1.Kabine /wenn Du später kommst, jede ½ Stunde gleicher Ort.
Ich werde Dir gleich in der Toilettenkabine meine Finger in Deinen gut geölten Arsch schieben. Ich spucke Dich an und lecke Dich feucht ab. Wir gehen in die Dampfsauna, wo ich Dich ohne Vorspiel geil durchficke

(immer wieder ganz raus und bis zum Anschlag voll rein). Du schreist vor Geilheit. Zuschauer stehen um uns herum und wichsen. Einen fetten Bolzen leckst Du geil aus. Andere spritzen Dich voll.
Es wird zu heiß - Dusche - Ab in die Kabine. Du leckst meinen Arsch - Deine Zunge in meinem Loch. Wieder ficke ich Dich. Dann Samenladung in Dein Gesicht. Verschmieren, Küssen, Lecken. Ab in die "Lochkabine". - Geiler Hengst will Dich ficken. - Am Loch leckst Du einen Schwanz und hinten ficken wir Dich beide.
Später bei Dir zu Hause liegst Du in der Wanne. Ich pisse Dich voll - ficken - Sperma in den Arsch und mehr und mehr.....
Also, Du geile Sau, Du erscheinst Donnerstag pünktlich!
Ich will das Du Deinen Samen bis Donnerstag bei Dir behälst - spritzen erst am Donnerstag!

Dein geiler Fickbock

Ben

Hallo - Du nacktes Spanferkel !

1.) Du bist ein Schwein und Schweine tragen keine Klamotten! Schweine müssen nackt sein! Deshalb sollst Du Dich sofort vor dem Spiegel langsam bis ganz nackt entkleiden - los!
Nieder mit der Hose und den Slip - und Hemd und T-Shirt aus! Schon ganz nackt? Dann magst Du weiterlesen.....

2.) Ich habe Deine Anzeige in...... gelesen. Du brauchst Verbalerniedrigung, Sklavenarbeit, Totalbenutzung??? Das wirst Du von mir bekommen!

Ich heiße Frederic. Bin 24 Jahre alt - 1,82 und 70Kg. Ich lege Dir ein Bild von mir dabei - damit Du sehen kannst wie ich bin. Aber Du sollst mich nimmer Frederic nennen (außer bei der Anschrift auf dem Kuvert). Du nennst mich fortan: „Geliebter Bändiger" oder „Prachtmeister"!

3.) Zuerst sollst Du mir Deine Botsmässigkeitserklärung schreiben, wobei Du mir wenigstens versprechen sollst:
3.1 mich alles mit Deinem Körper unternehmen zu lassen (außer Folter, Verletzung, Verseuchung, natürlich). Zum Beispiel mehrfaches Blasen bis nichts mehr kommt und deine Hoden etwas weh tun weil sie soviel gearbeitet haben;
3.2 mir alles von Deinem Leben zu erzählen. Ich will die geheimsten Falten Deines Körpers, Deiner Seele und Deines Herzens kennen. Auch berichtest Du von allen sexuellen Erlebnissen;
3.3 zu meiner Verfügung zu stehen, Tag und Nacht, wenn ich bei Dir bin. Du sollst immer mit bloßem Gehänge sein damit ich jeden Augenblick Deinen Schwanz angreifen kann und Dich dann ins Bett führe wenn ich Lust habe.
3.4 Andere Bedingungen wobei Du mich spontan wie Deinen Meister anerkennen wirst.
Du sollst ganz nackt am Tisch sitzen und mir schreiben!!
4.) Für dieses Mal sollst Du mir auch erzählen, mit allen Einzelheiten, wie Du Dich bis ganz nackt ausgekleidet hast. Alle Gesten und Handlungen müssen beschrieben werden. Und zum Schluß auch schreiben wie Dein Schwanz und Hoden ganz spontan reagiert haben (ohne Berührung - noch Wichserei) auf die Ausführung meines Befehls.

5.) Ich möchte jetzt auch wissen wie Du aussiehst. Du sollst mir wenigstens 4 Aktbilder von Dir schicken; 2 Nahaufnahmen von Deinem Gehänge, von vorn und von der Seite. Wenn Du mir gefällst werde ich Dir zugestehen, Dich nicht mehr als stinkendes Schwein zu behandeln, aber Dich doch wie ein appetitliches, saftiges Spanferkel schmecken, prüfen und absaugen, und danach Dich auf meinen Prügel festmachen und Dich gar zu braten und wichsen, bis Du heulst vor Spaß!

6.) Du sollst nachfolgende Fragen beantworten:

6.1 Bist Du „Mehrfachspritzer" Wieviel Mal hintereinander hast Du schon gewichst ohne Unterbrechung? Kamen denn auch beim letzten Versuch noch einige Tropfen Sperma?

6.2 Wie groß und dick ist Dein Schwanz in Ruhe und erregt? Bist Du beschnitten? Wenn ja, wann und warum?
6.3 Wie alt warst Du beim ersten Abspritzen? (Jahre und Monate)
6.4 Wie alt warst Du beim ersten Erlebnis mit einem Partner?
Was habt ihr dann gemacht? Alle Handlungen aufführen!
6.5 Hast Du viele Antworten auf Deine Anzeige bekommen

Du sollst alles ganz genau ausführen was ich Dir in diesem Brief aufgetragen habe. Vorsicht vor AIDS!!

Dein Prachtmeister

Frederic

WILLIGER UND TABULOSER BENGEL SUCHT ANSTELLUNG ALS HAUSBOY (VIELSEITIG VERWENDBAR). ICH VERRICHTE ALLE ARBEITEN UND STEHE DIR GERNE AUCH ALS SEXDIENER (AUCH FÜR EXTREME SEXSPIELE) ZUR VERFÜGUNG.

Hallo Unbekannter !

Ich habe Deine geile Anzeige gelesen und würde Dich gerne einmal treffen. Ich würde Dich nämlich gerne mal als Nutte oder Nacktputzer benutzen. Geile NS-Sessions können wir dabei auch haben, und als NS-Sklaven will ich Dich auch gerne abrichten.
Damit Du einen ersten Eindruck von mir hast, lege ich Dir ein Foto von mir bei. Bitte sei so fair und schicke es mir in jedem Fall zurück.
Doch nun zu mir: Ich bin 184cm groß, schlank, wiege 69 Kg, bin kaum behaart, habe braune Augen, rotbraunes Haar und mein bester Freund mißt ungefähr 17x4,5 cm.

In Sachen Sex bin ich eigentlich für fast alles zu haben. Ich stehe auch Wichsen, Blasen, Lecken, Ficken (eher passiv), Anpissen und Anspritzen. Wie stark bist Du denn eigentlich gebaut? Und wenn einer viel abschießt, darf er es mir gerne alles ins Gesicht und auf die Brust spritzen. Bedingung: Er leckt seinen Geilschleim auch selber wieder ab und schluckt es. Das macht mich total scharf, muß aber nicht sein. Aber auch sonst bin ich allem Neuen gegenüber (z.B. Gruppensex, Sex im Freien, usw.) offen.
So, wenn ich nun Deine Neugier geweckt habe, dann schreibe mir schnell, damit wir uns schon bald treffen können und es geil-versaut miteinander treiben können. Schikke mir als allerserstes einen Brief mit Deinen Vorstellungen und lege ein Foto von Deinem pissenden und abspritzenden Schwanz bei, damit ich auch beurteilen kann, was Du zu bieten hast.
Also vielleicht (hoffentlich) bis bald.
Ciao, tschüs und saugeile Grüße

Dein Andre

Hey, unterwürfiger Hausboy

Ich schätze, Du kannst Dich vor lauter Zuschriften kaum retten. Falls Du mit den folgenden Daten etwas anfangen kannst, dann solltest Du mir unverzüglich schreiben, da ich Dich dann zu meinem Dreckschwein abrichten werde.

ICH: Beherrschender versauter Mann in Jeans und Leder (eventuell in Uniform) 31/180/82, gleichtätest Kurzhaar, braunäugig und Brillenträger, Mehrtagebart, behaart, sauber und potent.

Ich bin Motoradfahrer, wo Du als Sozius mitfahren kannst, damit ich Dich im Gelände drillen kann. Ich stehe auf viel Sachen, nur nicht auf Brutal und Dirty - damit weiß ich nichts anzufangen.

Solltest Du Interesse haben, dann antworte mit ausführlicher Bewerbung.

Beherrschende Grüße

Siegfrid

Hallo Hausboy!

Ich bin ein 22jähriger Dresdner, habe gerade Deine Anzeige gelesen und möchte Dir nun einmal schreiben. Du kleine Drecksau möchtest Dich bestimmt ganz gerne von Kopf bis Fuß vollpissen lassen? - kannst Du haben! Ich stell es mir geil vor, Dir in Deine niedliche Fresse zu pissen und auf Deinen Körper zu spucken. Dann wirst Du meinen Schwanz lecken und die Arschvotze dabei natürlich nicht vergessen. Wenn Du mich dann richtig geil gemacht hast werde ich Dir Deinen Arsch zerficken, Dir meinen Glibber auf Deinen Arsch spritzen. Und wenn Du ganz nett darum bettelst, werde ich mir das Recht herausnehmen, Dir einen zu blasen oder Du wirst mich ficken, aber wehe Du machst es nicht ordenlich. Du wirst mir auf den Körper spritzen und dann Deinen Geilschleim auflecken.

Das soll's erst mal gewesen sein. Das nächste mal dann auch mehr.
Ich bin übrigens 178,70 und 17,5 x 4,5 und bin am Sack rasiert

Bis bald
Lutz

Hallo nach Hamburg und Umgebung

Ich antworte auf Deine Anzeige im......, vor allem aber auf Dein tolles Bild. Deine Anzeige macht mich allerdings etwas nachdenklich. Für mich gilt bei allen Aktionen immer Sympathie als Vorraussetzung - die ich in Deinem Fall für Dich empfinde. -

Sehr gerne würde ich Dich bei mir haben. Du leckst und liebkost meine Stange bis ich Dir den Saft entgegenspritzen kann. Natürlich würde ich Dich auch ficken. Auch als Hausboy, zur Verrichtung verschiedener Arbeiten könnte ich Dich gut gebrauchen.

Ich weiß nicht wie zahlreich das Echo auf Deine Anzeige ist, aber ich würde Dich gerne mal für eine gewisse Zeit zu mir einladen um zu sehen ob wir zusammenpassen.

Ich selbst bin 51 Jahre alt, 186cm groß (Foto anbei). Außer Sex bin ich noch interessiert an Sport, Blumen und Pflanzen, Garten und Modelleisenbahn.

Ich freue mich auf Deine Antwort

Achim

Hallo Hausboy,

Deine Anzeige habe ich gelesen und habe großes Interesse Dich als Hausboy auszubilden. Deine Ausbildung wird hart aber fair sein. Von Dir wird nichts verlangt was nicht machbar ist! Alles was ich von Dir fordere ist praxisbezogen. Du wirst Dich einer Musterung und einem Einstellungstest unterziehen, wobei ich den Terminvorschlag Dir überlasse, den ich nach Möglichkeit bestätigen werde.

Bedingung ist, daß Du zu mir in die Hocheifel ziehst. Nach einer Probezeit nimmst Du Deine Arbeit auf und stehst mir auch in der Freizeit uneingeschränkt zur Verfügung. Als Gegenleistung werde ich Dich - nur bei guter Führung - auch an allen meinen Freizeitaktivitäten teilhaben lassen.
Selbst bin ich 61 Jahre alt, 179 cm, 90 Kg, grauhaarig, hart aber fair, mit viel Erfahrung. Ich bin Rentner und lebe auf einen ehemaligen Bauernhof, aber ohne Landwirtschaft.
Du sollst mir Diener, Hausboy und Freund sein, mit dem ich auch mal Zärtlichkeiten austauschen will. Außerhalb des Hauses gibst Du Dich dann als ganz normaler Kumpel. Das solls für heute sein.
Nun hoffe ich, daß Du Dich recht bald meldest

Beste Grüße

Hans Joachim

Hallo?

Soeben habe ich die...... durchgeblättert. Deine Anzeige ist mir selbstverständlich sofort ins Auge gefallen, wie bestimmt 100 anderen auch? Ich glaube Du hast zunächst einmal genug damit zu tun, die Spreu vom Weizen zu trennen. Um so mehr würde mich es natürlich freuen, wenn Du mich trotzdem kennenlernen möchtest.
Hier ein paar kurze Angaben zu meiner Person:
Da ich schon in den 40ern bin, wirst Du den Foto sicherlich unschwer entnehmen können. Aber ich rechne mich noch lange nicht zu dem alten Eisen. Ich bin noch ganz gut drauf. Davon kannst Du Dich gerne überzeugen.
Nach 22 jähriger Selbständigkeit habe ich mich vor zwei Jahren endgültig zur Ruhe gesetzt. Habe deswegen auch viel Zeit, und würde mich über einen Besuch von Dir sehr freuen. Desweiteren spiele ich viel Tennis und fahre oft und gern in den Urlaub. Nach achtjähriger

fester Freundschaft laufe ich jetzt wieder frei herum.

Hier in..... habe ich ein Haus, wo Du Dich als Hausboy richtig auslassen kannst. Auf dem Bild bin ich zwar nicht so ganz vorteilhaft getroffen aber vielleicht bist Du ein wenig neugierig ge-worden?

Hoffentlich bis bald
Viele Grüße sendet Dir

Bernd

Hallo geiler Hausboy,

zwei wirklich versaute Männer aus Mannheim mit perversen Phantasien wollen Dich mit Haut und Haaren haben. Die Entfernung läßt zwar nur Wochenend-Treffs zu, aber das sollte für Dich geile Drecksau kein Problem sein. Kurze Vorstellung: 25/183/75, 20x 4,5, rasiert und a/p, d.h., wenn Du schön brav bist darfst Du vielleicht auch einmal Deinen Schwanz in mein Arschloch versenken.
Mein Freund 31/193/90, 20x5, teilrasiert und aktiv.

Ich könnte Dir einen zweiseitigen Brief schreiben was wir alles mit Dir machen wollen, aber in Natura ist das alles viel besser, und so bleiben viel mehr Überraschungen übrig. Aber einen kleinen Vorgeschmack will ich Dir mal geben, damit Du aus der Vielzahl der eingehenden Briefe, den Geilsten aussuchen kannst:

Während einer von uns Dich fickt und beschimpft und anrotzt, lutscht Du den anderen den Schwanz während er pisst und Dich ebenfalls beschimpft und bespuckt. Hat der Fickende endlich nach langer Zeit abgespritzt, kommt der dran, dem Du die Latte geblasen hast und stößt Deine klaffende Votze durch. Er bockt Dich richtig schön auf, während Du den anderen, den mit Sperma verschmierten Schwanz sauberleckst. Und da wir nach dem Abspritzen immer pissegeil sind, wird auch er Dich mit seinen gelben Saft überschütten. Wenn wir beide endlich befriedigt sind, dann - und erst dann - bist Du an der Reihe. Und ich bin mir sicher, wir finden einen Weg es Dir zu besorgen, damit auch Dein Schwanz seine heiße Ladung los wird. Hast Du dann Deinen Abgang gehabt wird noch einmal gepisst, und zwar wir und Du auf Dich.- Na, wie wärs?

Das waren nur einige von vielen Möglichkeiten, wie wir Dich be-nutzen können. Vielleicht, wenn Du brav bist, lassen wir Dich auch noch von einigen Freunden benutzen.
Wir hoffen, daß wir bei Dir zum Zuge kommen. Du meldest Dich aber auf jeden Fall - das ist ein Befehl!
Bis dahin, geile Phantasien Du Drecksau, und wichs nicht soviel, damit Du viel Saft für uns hast.

Geile Grüße

Michi und Gunnar

Hallo, Du junger unterwürfiger, mein zukünftiger Hausboy!

Bekam gerade mein...... per Post. Und beim ersten Durchblättern fiel mir sofort Deine Anzeige auf. Ich suche schon seit langer Zeit einen Burschen ganz genau wie Dich, der gut ausschaut und ein schönes Schwanzpaket(?) in der Hose hat.
Es bleibt zur Zeit eigentlich nur eine Frage offen, wovon in Deiner Anzeige nicht die Rede ist: Bist Du an Hamburg beruflich gebunden oder bist Du umzugsbereit?

Natürlich wäre auch erst nur eine Wochenenderziehung bei mir möglich, aber ich strebe schon eher eine Vollausbildung an. Denn ich habe hier die besten Möglichkeiten Dich nach meinen Wünschen zu meinen Hausboy und Dreckschwein abzurichten. Dann hast Du nur noch auf meine Befehle zu hören und diese dann auszuführen. Ich hätte Dich ständig unter Kontrolle und die kleinste Ungehorsamkeit deinerseits würde sofort eine Strafe nach sich ziehen.

Eines kann ich Dir schon jetzt versprechen, ich werde sehr hart mit Dir umgehen, und es wird dann nur an Dir liegen ob Du auch Schmerzen ertragen mußt, denn eigentlich lehne ich Schmerzen ja ab! Ich bin ja vielmehr ein zärtlicher und romantischer Typ. Aber ich werde Dich langsam aber sicher nach meinen Vorstellungen abrichten.

Wenn Du also ungehorsam bist, kann es durchaus passieren, daß ich Dich erst fesseln tue, dann Dir Fußmanschetten anlegen, dann per Flaschenzug an meine 2,80 m hohe Schlafzimmerdecke mit gespreizten Beinen ziehen werde, so daß Dein Kopf ca. 10-15 Zentimeter über meinem Bett zum hängen kommt. Dabei werden Dir dann Deine Arme ebenfalls seitlich von Dir mit Ketten an den Wänden befestigt, so daß Du nur noch Deinen Kopf bewegen kannst. In diesem Zustand wirst Du mir dann wehrlos ausgeliefert sein. Der Hängevorgang wird zwar im ersten Moment schmerzfrei sein, aber je länger Du hängen wirst, desto mehr stellen sich Schmerzen an Deinen Fußgelenken ein.
Aber wenn ich Dich so wehrlos vor mir hängen habe, werde ich Dich natürlich auch zärtlich behandeln, mit Küssen usw. Natürlich werde ich dann auch Deinen geilen Schwanz abmelken.

Ich bin übrigens bereits 52 Jahre alt. Ich war 12 Jahre bei der Bundeswehr und bin jetzt als Beamter tätig. Ich bin 189 Zentimeter groß und wiege z.. 95 Kilo. Ich habe braunes sehr kurz geschnittenes Haar.

Wohne in...... in einer 3 Zimmer Wohnung, so daß Du ohne weiteres bei mir einziehen kannst, damit ich Dich hier so richtig abrichten kann, zumal unter meinem Schlafzimmer auch noch ein Kellerraum ist, indem ich Dich manchmal (gefesselt und geknebelt) einschließen werde.

Dein Schlafplatz wird eigentlich neben mir im Bett sein, denn ich möchte Dich nicht nur als unterwürfigen Hausboy, sondern auch als Freund und Lebensgefährten haben. Und deshalb wäre es wünschenswert, wenn Du ganz zu mir ziehen könntest.

Eine andere Möglichkeit bestände allerdings darin, vorausgesetzt Du bist beruflich in Hamburg gebunden, daß ich mich zunächst einmal nach Hamburg versetzen lasse, so daß wir dann gemeinsam eine Wohnung in Hamburg beziehen würden.

Da ich nicht weiß, wann Du diesen Brief bekommst, ist es vorläufig sinnlos Dich zu einer Musterung zu mir befehlen. dieses wird erst möglich sein, nachdem Du Dich per beiliegenden frankierten Rückumschlag bei mir gemeldet hast, bzw. Du mich telefonisch erreicht hast.

Ein paar Fragen zum Schluß:
1.) Wohnst Du noch bei Deinen Eltern oder hast Du bereits eine eigene Wohnung?
2.) Bist Du in Besitz eines Führerscheins und bist Du motorisiert?
3.) Bist Du vorgebildet als Hausboy, oder ist dieses Dein erster Versuch einen Herrn und Abrichtungsmeister zu finden?
4.) Wärst Du umzugsbereit?
5.) Was machst Du beruflich, oder bist Du arbeitslos, Sozialhilfeempfänger?

Es wäre schön, wenn Du Dich melden würdest.
Ich warte auf eine Nachricht von Dir, wie Du Dich entschieden hast.
Dein vielleicht schon baldiger Herr und zukünftiger Freund und Lebensgefährte

Dietmar

Hallo geiles Dreckstück

Du bist genau das, was ich suche. Leider habe ich schon fast einen anderen Hausboy eine Zusage gemacht. Deshalb sollten wir uns schnell kennenlernen, damit wir uns sofort entscheiden können.

Ich bin Anfang dreißig, 175, 70, gut aussehend, ständig geil und beherrschend. Du wirst zunächst von mir ständig abgefickt und für alle Leckdienste missbraucht.

Dazu wohnst Du zunächst bei mir (4 Zi. Wohnung). Wir

könnten dafür auch in den Urlaub fahren. Schon morgens wirst Du spüren wie versaut und beherrschend ich bin. Wie jeden morgen wirst Du mir einen blasen, die Füße und den Arsch lecken und dann als Pissrinne dienen. Mittags gehen wir manchmal auf die Klappe und Du wirst kurz durchgefickt.

Im Haus trägst Du dreckige und stinkige Militärklamotten. Wann Du Dich wäscht, pißt und scheißt oder den Schwanz in die Hand nimmst, bestimme ich. Zunächst wirst Du als Fick- und Leckboy eingesetzt, später dann zu Toilette, und dann zum stinkenden Dreckschwein abgerichtet. Je perverser und dreckiger desto besser!

Als unterwürfiger Hausboy bist Du ausschließlich für mich da und regelst alles was so anfällt. Abends, wenn ich von der Arbeit komme, wirst Du mich verwöhnen und alle dreckigen Leckdienste sofort ausführen. Dann machen wir total versauten Furz-Piß-Fick-Rotz-Sex. Natürlich können wir auch ein stinkiges Schweine-Zimmer für Dich einrichten.

Selbstverständlich erhältst Du Taschengeld, Klamotten etc. Falls Du noch in der Ausbildung bist, kann ich diese finanzieren. Du mußt jedoch nicht arbeiten, sondern kannst Dich mir voll unterwerfen. Deinen Lebensstil bestimme ich ebenfalls!

Nach außen wirst Du mein Freund und Lebenspartner sein, aber nach innen bin ich Dein Herr und Du wirst von mir total beherrscht und für alle Dienste abgerichtet. Falls Du ungehorsam bist, werde ich Dich schmerzlos bestrafen und mißbrauchen.
An geilem unterwürfigen Sex werde ich alles an Dir ausprobieren: Gummi, Dildos, Fessel, Stinksocken, Schweiß, viel Pisse, Kacke, Dreck etc. Totales Leerficken, Leerwichsen und Auspissen ist ange-sagt.
Du bist so wie ich es will: passiv aber auch aktiv! Ficks im Freien, am Strand, auf der Klappe, in Parks werden bei jeder Gelegenheit wahrgenommen.

In dem anderen Teil unserer Freizeit gehen wir ins Kino, gehen gut Essen, machen Sport oder treffen und mit Freunden und werden viel reisen. Denn natürlich nehme ich dich auch auf meine Geschäftsreisen mit, damit Du ständig meine Sexgier befriedigen kannst und Du nicht alleine bist. Ich bin ein internationaler Manager und sehe nicht schwul aus. Ich trage Anzüge, gerne stinkige BW-Klamotten und Jeans. Ich bin kein Sadist oder Schlägertyp, sondern ein Mann, der weiß was er will, der einen anpassungsfähigen total versauten Boy als Freund will. (meine letzte Freundschaft hielt fast 7 Jahre)

Willst Du also wirklich ein dreckiger Hausboy werden? Dann erhälst Du von mir einen Vertrag und Dein Leben wird dann unter Berücksichtigung Deiner Wünsche von mir bestimmt.
Gerne würde ich sofort ein paar Tage mit Dir wegfahren und mit der Abrichtung meines Dreckschweines anfangen.

So und jetzt rufst Du mich sofort an oder schreibst mir, damit Du schnell als möglich das bekommst was Du brauchst.

Einen Sir fürs Leben !

Mit meiner Zusage zu dem wirklich gutaussehenden und perversen 22 jährigen Hausboy warte ich dann noch ein paar Tage.

Heiner

Hallo Sau

Wir haben zwischenzeitlich schon 2 Hausboys eingestellt. Diese Stelle ist somit nicht zu besetzen.

Solltest Du jedoch an einer „gelegentliche Treffs"-Beziehung interessiert sein, so biete ich Dir folgendes an:
Weil ich ständig megageil bin und mich weder die Hausboys noch mein Freund permanent befriedigen will - suche ich noch einen schwanzgeilen Typen wie Dich, den ich nach meinen Wünschen und Bedürfnissen besuchen und zur Sau machen kann.

Du wirst erniedrigt, verbal fertig gemacht, mit Dildos besteckt, ausdauernd von mir gefickt, bis Deine Rosette glüht. Mein Hengstschleim spritze ich Dir auf dem Body und ins Gesicht, evtl. mußt Du mir mein Schwanz auch sauberlecken.
Wenn Du wie gesagt, Bock auf so etwas hast, lasse mir eine kurze Nachricht zukommen. Kann ich Dich telefonisch erreichen? Ich mache dann kurzfristig einen Ficktermin mit Dir ab, und mache Dich zu meiner Schwanzhure.
Melde Dich schnell! Mein Hammer wartet auf Deinen Arsch.

Geile Grüße

Der Fickhengst

Du geile devote Sklavensau,

wenn Du kein elendiger Briefwichser bist, dann melde Dich umgehend telefonisch bei mir.

Zu meiner Person gibt es folgendes zu sagen: Ich bin Anfang Vierzig, 184 cm groß und von schlanker Gestalt, man sagt auch ich wäre gutaussehend. Meine sexuellen Präferenzen sind folgende:

Bisexueller dominanter bizarrer Sadomasochist mit Vorliebe für Sklavenerziehung. Zur Zeit bin ich als leitender Angestellter in der Industrie beschäftigt und habe dort Führungsaufgaben. Die haben natürlich nichts mit Deiner Ausbildung zum devoten Sklaven gemein.

Nun zu Dir: Bist Du bereit Deine Träume auszuleben oder willst Du weiterhin nur davon träumen?

Mein Vorschlag ist, daß ich Dich von der Raststätte „Hohlmoor“ an der A7 abhole, bzw. entführe, um Dich zu mir nach Hause zu nehmen. Während der Fahrt, bei der Du selbstverständlich Handschellen trägst, wirst Du mir Rede und Antwort geben auf alle Fragen die ich Dir stelle.
In...... angekommen, wir das Verhör fortgesetzt. Ich erfrage Dein sexuelles Vorleben, Wichsgewohnheiten,

Belastbarkeit und noch einige Sachen mehr. Während des Verhörs entscheide ich, ob ich Dich als meinen Sklaven annehme. Solltest Du meinen Erwartungen gerecht werden, werde ich Dich in die bizarre Welt einführen.

Ich werde Dich psychisch und physisch an die Wand drükken um Dich danach wieder aufzufangen, dieses Wechselbad der Gefühle wirst Du erleben.

Nach der ersten Musterung durch Augenschein wird eine körperliche Musterung durchgeführt. Hierbei wird u.a. die Belastbarkeit der Brustwarzen und Deines Hodens geprüft. Desweiteren wird in einer demütigen Stellung die Analzone zuerst mit den Fingern und dann mit dem Spekulum überprüft. Mängel bei der Musterung, sprich Unreinheiten ziehen Züchtigungen nach sich.

Als Dein Meister wirst Du mir dienen und Du sprichst mich mit „Ja, Sir" an. Jede Verfehlung zieht eine konsequente Strafe nach sich! Nach Aufnahme als mein Sklave, werde ich Dir einen Sklavenvertrag aufsetzen, wo Deine Pflichten festgesetzt werden - Rechte hast Du keine! Denn ich verfüge ab diesen Zeitpunkt über Deinen Geist und über Deinen Körper. Wenn es mir gefällt werde ich Dich auch öffentlich vorführen und zur allgemeinen Benutzung freigeben, mit Handschellen und Sklavenhalsband in einem Pornokino in Hamburg. Aber bis dahin ist es noch ein weiter Weg.

Du bis dann mein Lustsklave!!!
Mit S&M Gruß

Sir Bruno

Hallo Du dreckiges, geiles Haussklavenschwein

Ich habe Deine flehenden Rufe wohl vernommen, auf die ich hiermit antworte. Deine Anzeige gefällt mir und auch Dein Nacktfoto. Du scheinst das zu sein was ich suche. Ein wirklich sehr devoter, unterwürfiger Typ, der bereit ist sich bedingungslos zu unterwerfen und alles zu machen was ihm befohlen wird und auch sonst

alles mit sich machen zu lassen.
Als mein Sklavenboy hast Du selbstverständlich für mich auf den Strich zu gehen und den Freiern für alles zur Verfügung zu stehen. Aber nicht nur das. Ich werde Dich auch in einschlägigen Zeitschriften als Sklave anbieten, der zu mieten ist. Auch werden Pornos mit Dir gedreht und diese verkauft. Ich werde Dich tabulos ausbeuten. Auch hast Du selbstverständlich einer normalen Arbeit nachzugehen. Von dem Geld bekommst Du Sklavensau natürlich keinen Pfennig, so wie Du nie auch nur einen Pfennig erhalten wirst.

Als Haussklave hast Du ständig nackt zu sein und sämtliche Hausarbeiten zu erledigen und mich in jeder Weise zu bedienen. Werden die Arbeiten nicht zügig und zu meiner vollsten Zufriedenheit ausgeführt wirst Du natürlich bestraft. Am Tisch darfst Du nicht mitessen sondern bekommst Dein Fressen in einem Hundenapf unter dem Küchentisch. Als Sexsklave werde ich Dich nach Lust und Laune sexuell mißbrauchen, ganz wie es mir gefällt. Ständige Erniedrigung für einen dreckigen Sklaven ist selbstverständlich. Du mußt nackt vor mir und auch vor den Besuchern auf dem Boden kriechen, Dich beleidigen und beschimpfen lassen, Dich schlagen, quälen und mißbrauchen lassen.

Ich werde Dich zur absoluten Tabu- und Hemmungslosigkeit erziehen. Werde Dich dazu erziehen, daß Du dich auf meinem Befehl an jedem Ort öffentlich darbietest und strichermäßig zur Schau stellst, Dich jedem anbietest, wenn ich es Dir sage. Nacktvorführungen und Benutzung an einschlägigen Orten sind Pflicht. Ansonsten hast Du minimalste und verdreckte Bekleidung an.

Solltest Du geeignet sein, ist eine Stellung als Dauersklave möglich. Dazu hast Du dann einen Sklavenvertrag zu unterschreiben, in dem Du Dich auf Lebenszeit als mein Sklave auslieferst und zwar bedingungslos. Diesen Vertrag kannst Du später nicht wieder rückgängig machen. Als Dauersklave ist es selbstverständlich, daß Du kein Eigentum hast. Bei Deiner bedingungslosen Auslieferung als Dauersklave geht Dein gesamtes Eigentum auf mich über. Das heißt auch, das ich das Recht habe, Dich zu vermieten und zu verkaufen. Du wirst dann mein

Eigentum mit dem ich machen kann was immer ich will. Du hast dann keinerlei Einfluß mehr darauf was mit Dir geschieht und erst recht hast Du keine Bedingungen zu stellen.

Wenn Du nun also bereit bist, mein dreckiges, geiles Sklavenschwein und ein billiger Strichköter zu werden und Du bereit bist, Dich ohne irgendeine Bedingung auszuliefern dann hast Du Drecksau jetzt folgendes zu tun. Du rufst mich am Freitag den 16.10 pünktlich um 12.00 Uhr an um einen Termin zur Nacktmusterung und zum Eignungstest entgegenzunehmen. Bei diesem Anruf bist Du splitternackt, egal von wo aus Du anrufst und bist deutlich hörbar am wichsen ohne jedoch abzuspritzen. Du meldest Dich mit den Worten: „ Mein Herr und Meister! Hier ist ihr nacktes, geiles Sklavenschwein und wartet auf ihre Befehle". Im übrigen hast Du mich mit Herr und Meister anzureden und mich zu Siezen. Wenn Du mich jemals Dutzt, wirst Du von mir mit einem Ledergürtel und einer Kerze bestraft.

Solltest Du am Freitag nicht anrufen, ist Deine Chance mein Sklave zu werden vertan. Ausreden und Entschuldigungen akzeptiere ich nicht. Ich erwarte unbedingten Gehorsam. Alles andere wird gnadenlos bestraft. Also, wenn Du Dreckskö ter es ernst meinst und nichts weiter sein willst als eine billige männliche Stricherhure und ein dreckiges Sklavenschwein, dann ruf mich an

Dein Herr und Meister

H.J. Borchert

Zweiter Brief

Hallo Du nackter dreckiger Sklavenköter,

ich habe bis zum heutigem Tag keinen Brief erhalten, noch hast Du mich angerufen, obgleich Du Dich doch als Sklave angeboten hast.
Nun, ich bin bereit Dir eine zweite Chance einzuräumen, stelle dazu aber Bedingungen.

Ich verlange von Dir, daß Du als Zeichen , daß Du es ehrlich meinst mir 100 DM mitschickst. Dem Brief hast Du Nacktfotos von Dir beizulegen, die auf der Rückseite folgende Erklärung haben: Ich bin mit der Veröffentlichung der Fotos einverstanden und dazu Deine Unterschrift. Desweiteren verlange ich von Dir, daß Du Dir Deine Schwanz- und Sackhaare abrasierst und sie mitschickst. Außerdem hast Du mich am Freitag den....... anzurufen. Bei diesem Anruf bist Du splitternackt und deutlich hörbar am wichsen ohne jedoch abzuspritzen. Du meldest Dich mit folgenden Worten: „Mein Herr und Meister, hier ist ihr nackter, dreckiger Sklavenköter und steht Ihn bedingungungslos zur Verfügung".

Sollte dieser Brief wider Erwarten erst später bei Dir eintreffen rufst Du an dem Tage an, an dem Du diesen Brief erhälst. Die Bedingungen bleiben bestehen.

Bei diesem Anruf erhälst Du einen neuen Nacktmusterungstermin. Außerdem halte ich einen weiteren Test bereit um zu sehen ob Du wirklich bereit bist, alles zu machen was ich von Dir verlange.

Es soll Dir Sklavenschwein aber trotzdem klar sein, daß Dein Verhalten nicht ungestraft bleibt. Dafür, daß Du Dich nicht gemeldet hast werde ich Dich Dreckskóter auf das schwerste bestrafen. Diese Strafe wird Dich in Form von Folter erwarten, die Du zu erleiden hast, damit Du siehst, das Du mir aufs Wort zu gehorchen hast.

Denn wenn Du wirklich mein Sklave werden willst, erwarte ich in Zukunft, daß Du mir bedingungslos gehorchst und Dich dann meldest wenn ich es von Dir geilen Schwein erwarte. Insbesondere erwarte ich von Dir billigem Strichköter, daß ich meine sadistische Neigung hemmungslos an Dir ausleben kann. Das ich Dich ausbeuten kann, wie immer ich es will. Dich zu meinem Vergnügen quäle, mißhandle und mißbrauche. Du wirst mein Eigentum werden, mit dem ich das mache was mir gefällt und Du Dreckskóter hast keinerlei Einfluß darauf. Du hast dann zu mir zu kommen und bei mir zu wohnen und mir jederzeit zur Verfügung zu stehen. Schlafen mußt Du nackt auf dem Boden und wirst dabei gefesselt und/oder angekettet. Tagsüber gehst Du einer normalen Arbeit nach. Dann hast Du nackt den Haushalt zu erledigen. auf den Strich zu gehen und billige Pornofilme zu drehen. Dein Haussklavenleben wird bestehen aus Arbeit, sexueller Mißhandlung, Ausbeutung, Ausnutzung, Mißhandlung und Folter. Ich mache mit Dir billigen, nichtsnutzigen Drecksau was ich will. Dazu hast Du natürlich alles aufzugeben und sämtliche Brücken hinter Dir abzubrechen. Du wirst Freunde, Bekannte und Verwandte nie wieder sehen. Du Sklavenhund wirst von mir abhängig sein und keine Möglichkeit haben zu entkommen. Dein ganzes Leben lang.

Desweiteren schickst Du mir eine Liste zu mit Dingen die Du noch besitzt. Ich befehle Dir Drecksau, daß Du eine Liste erstellst mit Deinem gesamten Eigentum Darin hat jedes Stück, auch das kleinste enthalten zu sein. Ich werde diese Liste später prüfen und für jedes Stück das fehlt wirst Du Drecksau strengstens bestraft. Wenn Deine unterschriebenen Fotos bei mir eingetroffen sind werde ich die ersten Anzeigen schalten und Dich als billigen Sklaven, Stricher und Pornodarsteller anbieten.

Hier noch einiges was ich mit Dir Sklavenhund noch alles machen werde. Ich gehe mit Dir in Wald oder Park und Du bist mein Hund. Splitternackt bekommst Du ein Halsband um und kommst an die Hundeleine. Dann mußt Du auf allen Vieren neben mir herlaufen. Du mußt wie ein Köter am Baum das Bein heben und pissen. Du mußt Stöckchen holen und mußt Männchen machen und Du mußt andere Hunde verbellen. Ich werde Dich in einschlägigen Parks nackt an einen Baum binden und Dich der Allgemeinheit überlassen, damit sie mit Dir billigen Drecksau machen was sie wollen. Im Pornokino sitzt Du nackt neben mir und mußt mir sexuell zur Verfügung stehen und wenn ich es von Dir verlange auch anderen. Auf Klappen, im Wald, Park oder Kneipen wirst Du nackt vorgeführt und vor Zuschauern gedemütigt, erniedrigt, geschlagen und mißbraucht. Das alles wird dann gefilmt und die Videos werde ich dann verkaufen. Wenn Du bei mir wohnst, bekommst Du keinen Wohnungsschlüssel, sondern Du mußt vor der Wohnungstür solange bellen, bis ich Dich an den Haaren hereinziehe. Ich werde Dich nackt durch die Gegend jagen. Nach Regen mußt Du nackt im Schlamm kriechen und Dreck fressen. Sehen wir ein Brennnesselfeld werde ich Dich Sau dort nackt hineinjagen und Du mußt Dich darin wälzen. Dies und noch vieles mehr mußt Du Drecksau mit Dir machen lassen. Ich will Dich Sklavensau benutzen wie es mir gefällt!!!

Nun erwarte ich Deine baldige Antwort, in der Form wie ich es Dir befohlen habe und Deinen Anruf. Im übrigen hast Du mir Deine Telefonnummer mitzuteilen. Anbei schikke ich Dir einen Sklavenvertrag den Du mir zu unterschreiben hast und mir eine Kopie Deines Personalausweises mitschickst, damit ich die Unterschrift vergleichen kann. Bis dahin
Dein Herr und Meister

Sklavenvorvertrag

Ich,....... wohnhaft in der .....straße in Hamburg erkläre hiermit an Eides statt folgendes:

Ich bin grundsätzlich bereit mich Herrn B.H., wohnhaft in......, als Sklave auszuliefern. Die endgültige Auslieferung als Sklave erfolgt nach einer Nacktmusterung, deren Termin durch Herrn B.H. ab Mitte Januar festgelegt wird und zu dem ich mich verpflichte zu erscheinen. Sollte Herr B.H mich als Sklave annehmen erkläre ich mich heute schon bereit mich bedingungslos als Sklave auf Lebenszeit auszuliefern und jeden verlangten Sklavenvertrag zu unterzeichnen. Insbesondere erkläre ich mich bereit, daß ich dann Eigentum des Herrn B.H werde und er mit mir machen kann was er will und ich alles machen werde was von mir verlangt wird. Dies beinhaltet insbesondere auch den sexuellen Mißbrauch, die körperliche Züchtigung und Folter. Außerdem bin ich dazu bereit mich durch Herrn B.H in jeder Art und Weise ausnutzen und ausbeuten zu lassen. Ebenso verpflichte ich mich schon heute, daß ich in dem Fall, daß ich Sklave des Herrn B.H. werde, ihm mein gesamtes Eigentum überlassen werde und mich in vollkommene Abhängigkeit des Herrn B.H. zu begeben habe.
Außerdem verpflichte ich mich durch diesen Sklavenvorvertrag bis zur Unterzeichnung eines endgültigen Sklavenvertrages für Herrn B.H. auf den Strich anschaffen zu gehen, wann immer mir es möglich ist, mindestens jedoch

eine Stunde täglich. Ich bin bereit jeden Freier zu akzeptieren und alles zu machen, bzw. mit mir machen zu lassen, was die Freier von mir verlangen. Die eingenommenen Gelder schicke ich täglich Herrn B.H. zu.
Als Zeichen das ich es ernst meine unterschreibe ich diesen Vertrag. Außerdem überlasse ich Herrn B.H. die Summe von 100.- DM. Zusätzlich schicke ich Nacktfotos von mir selbst. Dies darf Herr B.H. in einschlägigen Zeitschriften veröffentlichen und mich schon heute als Sklave zum sexuellen Mißbrauch gegen Geld anbieten, der dann nach Unterzeichnung des endgültigen Sklavenvertrages stattfindet.

_ _ _ _ _ _ _ _ _ _ _ _ _ _ _

(Ort, Datum) (Unterschrift)

JUNGER MEISTER, 21/189/78, 21X6 TEILRASIERT, SUCHT DEN ABSOLUT UNTERWÜRFIGEN SKLAVEN FÜR KONSEQUENTE ERZIEHUNG.

Hallo....

ich melde mich auf Deine Anzeige im...... und möchte gerne ein Treffen mit Dir. Ich bin 38 Jahre alt, 64 und lasse mich gerne gefesselt zum Leckdiener ausbilden. Mein Mund und meine Zunge stehen Dir absolut gehorsam zur Verfügung. Ich verwöhne Dir Dein Arschloch, Deine verschwitzten Füße und Deinen verpißten Schwanz intensiv und hingebungsvoll.
Ein Foto von mir habe ich beigelegt und hoffe untertänigst von Dir zu hören

Tschüs

Fritz

Chiffre 274.345

ICH BIN EINE UNTERWÜRFIGE DRECKSFOTZE.........

Hallo, ich bin der Kevin und wohne in Hamburg. Ich bin 24 Jahre alt, 1,82 cm groß und 70 Kilo leicht (schlank-sportliche Figur, kein Gramm Fett). Mir wächst weder ein Bart, und Behaarung gibt's nur an den Beinen, zzg. meiner Schambehaarung. Ich trage kurze braune Haare. Ich sehe gut (bis sehr gut) aus und ich denke Du wirst (was das Aussehen anbegeht) zufrieden mit mir sein. Wichtiger aber wohl ist ob ich auch Deinen sexuellen Vorstellungen entspreche. Von daher habe ich Dir ein paar Phantasien (nur einige Möglichkeiten) aufgeschrieben.
Meine Träume:
Benutze mich als absolut willige Ficksklavensau; als unterwürfige Drecksvotze, die Dir, wann und wie auch

immer, ihren Arsch hinhalten muß. Du könntest Deine Lust jederzeit an mir befriedigen und mich, wenn Du mich nicht mehr benötigst, entweder wegschließen oder nach Hause schicken.

Sieh in mir einfach nur Deine kleine gutaussehende gehorsame Hurenvotze die Du, je nach Bedarf, und in jeder Stellung bumsen kannst. Wenn Dir danach ist, mich vollzupissen - tu es einfach. Du kannst mir Deinen Schwanz zum Abpissen auch ins Maul stecken und mich zur stinkigen pissesaufenden Toilettensau erziehen. Zwing mich dazu, Deine ganze Pisse zu saufen und alles was beim Pissen daneben geht, aus einem Napf zu schlürfen, oder mich einfach gleich auf Toilette eingesperrt zu lassen um mich dort ficken und vollpissen zu können. Du kannst mit mir umgehen wie es Dir passt.
Wann immer Du willst werde ich Dir Deinen Schwanz lutschen und so muß ich mir von Dir dahin spritzen lassen, wo Du es hinhaben willst. Du kannst mich auch in Deiner (oder meiner) Pisse & Wichse liegenlassen und bei Bedarf wieder hervorholen. Ich werde allen Deinen Befehlen gehorchen und kann (glaube ich) außer starke körperliche Schmerzen alles ertragen.

Ich hoffe, meine Wünsche entsprechen so in etwa den Deinigen. Aber auch wenn hier einiges von mir unerwähnt blieb, was Du Dir unbedingt zur Befriedung wünscht, dann melde Dich bitte trotzdem. Ich bin bestimmt bereit es zu tun. Andrerseits muß auch nicht alles sein, was ich erwähnte, sondern einfach nur ein paar Spiele die uns befriedigen.

Dein Dir untergebene Drecksfotze

Kevin

Hallo,

habe Dein Anzeige in der...... gelesen.
Ich möchte versuchen mit Dir Kontakt aufzunehmen. Ich bin auch wirklich passiv! Mein Namen steht auf dem Briefpapier. Vielleicht kann man ja mal längerfristi-

ger was planen, denn an kurzen Geschichten bin ich nicht interessiert.
Ich bin 34 /1,88 / 77 schlank und sportlich; und falls von Interesse: 19 x 4,4cm. Vom Aussehen kann man sich selbst schlecht beurteilen. Vielleicht können Dir da die beigelegten Fotos einen Eindruck vermitteln.

Also, ich suche Typen die mich total unterwerfen und auf versauten und harten Sex abfahren. Meine Farben wären da schwarz, gelb und ggf. auch braun oder blau. Besonders stehe ich auf Leckdienste: Stiefel, Füße, Arsch, Schwanz, Sack, usw. Auch auf: Fesseln, Knebeln, Auspeitschen, Wachs, Anpissen, Anrotzen, Anspucken, Tittentrimm - naja - eben alles was so in diese Richtung geht. Bei Bedarf also alles!

Zum Schluß vielleicht noch dies: Ich bin HIV-positiv!

Wenn Du trotzdem noch Interesse hast
Melde Dich

Thomas

Na Du !

Ich muß schon sagen: WOW! Von Deiner Anzeige bin ich hin und weg. Ich könnte mir sehr gut vorstellen Dir sehr ausgiebig und vor allem sehr tief Deine Boyvotze zu saugen und zu lecken. Irgendwie reizt mich der Gedanke Dir total ausgeliefert zu sein. Ich werde Dir mal schreiben wie ich mir so ein Zusammentreffen mit Dir vorstellen könnte:

Ich habe mich bei Dir angemeldet und stehe nun vor Deiner Haustür. Zu meiner Verwunderung ist diese nur angelehnt und ich stoße sie auf. Der Eingangsbereich ist dunkel und düster. Ich trete vorsichtig ein und rufe nach Dir, bekomme aber keine Antwort. Ich gehe weiter hinein und schließe nun die Haustür hinter mir zu. Auf einmal stehst Du hinter mir und packst mich am Handgelenk und schraubst mir den Arm auf den Rücken, presst mich an die Wand und gibst mir das Kommando, ich

sollte mich vor Dir hinknien. Ich versuche mich zu wehren, aber Du drückst mich hinunter. Du beschimpfst mich mit den versautesten Sachen: „Du kleines Stück Dreck", „Du kleine Boyhure", usw. Dann befiehlst Du mir, daß ich Dich von oben bis unten ablecken soll.
„Mit meinen Füßen wirst Du anfangen, Du kleine verfickte Boystute", befiehlst Du mir. Du fesselst meine Hände mit Handschellen auf meinen Rücken. Dann greifst Du mit beiden Händen fest an meine kleinen Boytitten und zwirbelst sie ordentlich durch. Ich spanne meine Muskeln an und dabei atme ich ganz heftig vor lauter Geilheit. Nun grabscht Du mir mit hartem Griff zwischen meine Beine und massierst mir durch den Stoff meiner Jeans die Eier.
Du bist nun auch soooooo geil, daß es Dir nicht schnell genug gehen kann meinen Schwanz auszupacken. Du zerfetzt mir meine Fetzenjeans nun total. Nun packst Du mich fest im Genick und schleifst mich in ein anderes Zimmer, in dem nur ein Tisch steht. Du schmeißt mich drauf und ziehst mich total aus. Du packst meine Fußgelenke und bindest sie an den Tischbeinen fest. Das gleiche machst Du dann auch mit meinen Handgelenken. Dann beginnst Du mir meine Fußsohlen und meine Eier zu massieren. Danach steckst Du mir einen Deiner Füße in den Mund und herrscht mich an: „Los Du Sau, leck mir meine Fußsohle, aber richtig, sonst setzt es was auf die Eier!" Danach muß ich Deine Boyvotze sauberlecken, da Du Dich direkt auf meine Fresse setzt. Während ich nun ausgiebig und sehr tief Deine Votze sauge, knetest Du mir meine Eier durch. Auf einmal hast Du einen dicken fetten Dildo in der Hand und schiebst ihn mir in der gesamten Länge in mein kleines enges Votzenloch. Während ich Dir weiter am Loch sauge, fickst Du mich mit dem Riesendildo ordentlich durch.
„O, ja, bitte ficke mich richtig schön durch. Steck mir den Dildo bis zum Anschlag rein", flehe ich Dich an. Jetzt aber bist Du ganz verrückt danach mich selbst durchzuficken und knallst mir Deinen hammerharten Schwanz mit voller Wucht in mein aufgeklafftes Loch. Du fickst so lange bis Du merkst das es Dir kommt, dann kniest Du Dich auf meine Brust und spritzt mir Deine ganze Boysahne in den Rachen. Dabei sagst Du zu mir „Wenn auch nur ein einziger Tropfen daneben geht, kannst Du Dein blaues Wunder erleben". Nachdem ich nun auch den letz-

ten Tropfen Deiner Geilsahne geschluckt habe, sinkst Du erschöpft neben mir nieder und schiebst mir Deine Zunge in die Fresse und wir küssen uns innig und leidenschaftlich. Nach einer Weile spürst Du, daß Du pissen mußt. Du springst auf, stellst Dich über mich und pisst mich von oben bis unten an. Das macht mich so geil, daß ich daraufhin voll absahne und mir es selber in die Fresse rotze. Nun machst Du mich los und wir gehen erst einmal Duschen. Dabei flüsterst Du mir ins Ohr: „Nachher kommen zwei Kumpel von mir, dann geht die Post erst richtig ab"

Na, wie hat Dir die Geschichte gefallen? Wäre das ungefähr nach Deinem Geschmack oder ist Dir so etwas zu doof?
Bin mal gespannt ob ich Antwort bekomme. Bei den Anblick Deiner Fotos steht mir ständig das Fickrohr.
Hast Du noch Kumpels die mitmachen würden? Wenn ja, wie sehen sie aus?

Stehst Du eigentlich auch auf Techno, denn dann könnte man ja mal zusammen weggehen?

So, nun möchte ich diesen Brief beenden. Erstens bin ich jetzt soooo geil, daß ich mich erst einmal fertig machen muß und zweitens muß ich noch weg.

Geile verfickte und nasse Grüße

Christian

BEWERBUNG

Du sucht einen passiven und absolut unterwürfigen Sklaven zu Verrichtung von regelmäßig anfallender (niederer) Hausarbeit. Ich bin schon etwas älter (64) aber immer noch sehr geil drauf.
Ein besseren Lecker wirst Du wohl kaum finden dürfen!!!
Ich wäre Dir ein total ergebener Diener und auch Haussklave, der Dir auf Abruf zu Diensten ist. Natürlich habe ich keine Forderungen bei der Auswahl der Hausarbeiten zu stellen !
So kannst Du mich für Küchendienste, Bügeldienste oder

das Toilettenreinigen heranziehen; aber natürlich hast Du auch das Recht mich zum Schuheputzen und der Verrichtung anderer niederer Dienste zu gebrauchen. Natürlich muß ich mir von Dir alle Tiefschläge gefallen lassen. Ich werde demütig jedes Wort über mich ergehen lassen. Meine Putzkleidung bestimmst selbstverständlich auch Du.
Mit der Entlohnung des Abfickens oder Vollspritzens fühle ich mich reichlich entlohnt.
Meine einzige Forderung ist Diskretion !Von daher entschuldigt bitte das Fehlen eines Fotos.
Ich bin 63 Jahre alt und bin 1,88 cm groß und wiege dabei 104 Kilo. Ich bin mit Sicherheit ein williger Sklave.
Vielleicht genehmigst Du mir ja auch ohne Bild einen Vorstellungstermin?

Werner

Mein lieber und verehrter Boy !

Hiermit möchte ich mich auf Deine Anzeige in...... als Dein zukünftiger Lustsklave bewerben.

Mir ist bewußt, daß ich nur eine kleine dreckige Hurensau bin und auch bin ich geständig, daß ich nicht aus Deiner näheren Umgebung komme.
Trotzdem hoffe ich sehr, daß Dir meine Bilder gefallen und Du mich zur Musterung holst. Dabei werde ich Dir zeigen welche Erfahrungen ich schon habe und welche nicht.

Als Sklave unter der Herrschaft eines Masterboys war ich allerdings noch nicht tätig, meine Geilheit ist aber nicht zu bremsen und so brauche ich jetzt jemanden dem ich dienlich sein kann.

Ich verspreche Dir, daß ich alles lecke was Du mir in den Mund steckst und gefesselt in Deiner Lieblingsstellung werde ich alles über mich ergehen lassen.

Mein Körper überlasse ich Dir hiermit als Dein Eigentum

und Du darfst grenzenlos darüber verfügen und dies auch auf die Entfernung hin. Wenn Du mich brauchst komme ich vorbei und Du kannst alle Deine Wünsche mit mir ausleben.

Ich diene Dir als Klo und ich trinke Deine Pisse, esse notfalls Deine Scheiße (siehe Fotos), schlecke Deine Rotze und mache für Dich alles, wenn Du mich nur geil behandelst.

Meine persönlichen Daten: Name: Timo / geboren am: 29.03.64/ Größe 1.78 / Schwanz 18 x 5 / unbehaart.

Wenn Du weißt was Du mit mir anstellen möchtest, stehe ich bei Dir bereit. Selbstverständlich steht Dir auch meine Bude offen für ein Treffen, aber ich bin Airliner und fliege schnell nach Hamburg.

Nun hoffe ich auf geile Befehle von Dir und daß Du mich schon bald erziehen magst.

Es grüßt Dich ganz unterwürfig und vor Dir kniend...

Dein geiler Hurensohn

Timo

Hallo Sado Kollege !

Würde mich gerne mit Dir in Verbindung setzen, zu einem persönlichen Gespräch über Sklavenausbildung evtl. Sklavenaustauch, bzw. Benutzung.
Ein baldige Antwort wäre nett!

Gruß Wolfgang

Ohne Spaß: Du bist geil gebaut. Bei Dir möchte ich mal Maso sein.Die Sache hat aber einen Haken, ich bin ein Mann und kein Knabe!

Hallo, ich bin der Joe

und ich würde mich gerne von Dir zur absolut unterwürfigen und gehorsamen Drecksvotze umfunktionieren lassen. Ich hoffe es ist Dir recht, wenn ich Dir anhand eines Steckbriefes mein Äußeres und meine sexuellen Bitten unterbreite.

Zu meiner Person: AÜßERLICHKEITEN: Alter: 35 Jahre, Größe: 1,72 cm, Gewicht : 70 Kilogramm, Figur: schlank (nicht dünn), Hauttyp: sehr weiche, eher dunkle Haut, Augen: blau, Haare: braunes kurzes Haar / Oberlippenbart
DU KÖNNTEST...mich als Lecksau mißbrauchen; mich vor Dir kriechen lassen um mich nach Lust und Laune vollpissen - auch in den Mund - wenn negativer Hepatites-Test vorliegt. Du kannst mich beschimpfen und bespukken und mich wie eine billige Nutte behandeln. Lasse mich auch gerne festbinden und dann durchficken. Gerne auch Ohrfeigen.
Kurz - Du könntest wirklich alles machen um mir zu zeigen was für
ein kleines Dreckssschwein ich doch bin !

Natürlich muß nicht alles sein, was ich geschrieben habe (und es muß vor allen Dingen nicht nach einem von mir bestimmten Ritual ablaufen), aber es darf alles sein und gerne noch mehr ! Und auch wenn ich in diese Richtung keine Erfahrung mitbringe (nur normaler Sex), bitte glaube mir, ich werde alles tun was Du von mir verlangst.

Wenn wir aufeinander können werde ich absolut tabulos sein und Du wirst sicherlich Spaß mit mir, Deiner unterwürfigen stinkigen Sau, haben.
Bitte gib mir eine Chance !!

Ich brauche auch keine Anlaufzeit und Du kannst mich sofort als das nehmen, was Du in mir siehst.

Joe

Hi Du!

Hier ist ein junger Boy auf der Suche nach geilen Sex. Ich bin 23/178/68 Kilo dunkelblond, blaugrüne Augen, keinen Bart, keine Brille, nicht behaart an Schwanz, Eiern und am Arsch.
Ich stehe auf dominante Typen die total dominant sind. Ich lasse mich von ihnen gerne voll dominant benutzen. Ich gehorche immer und erfülle alle geilen Befehle - verrichte alle Leckdienste und lasse mich gerne anpissen und anrotzen. Auch lasse ich mich gerne fesseln und durchficken oder mit Dildos behandeln. Ich lasse mich gerne treten.....stehe aber ansonsten nicht so sehr auf Schmerzen!

Du willst meine geheimsten Phantasien wissen? O.K., ich fang mal an zu erzählen:
Also, ich würde es sehr geil finden von mehreren schwulen jungen Skins entführt zu werden. Sie bringen mich in einen Raum, der nur aus Betonwänden besteht. Dort angekommen, zerfetzen sie mir meine Klamotten. Der eine greift meine Haare und reißt mich zu Boden. Dann drückt er mir seine Stiefel in die Fresse - ich muß ihn ablekken. Während ich am lecken bin, öffnet er seinen Hosenstall und pißt mir auf den Kopf. Als ich zu ihm hochblicke hört er auf zu pissen und rotzt mir ins Gesicht. Ich lecke weiter an seinen Stiefel als mir ein anderer Skin in den Arsch pißt.

Ich bin übrigens seit zwei Jahren fest befreundet und habe daher nur sexuelle Interessen.

Hier noch zwei Fotos von mir
Ich freue mich auf einen Anruf von Dir

Nick

Hallo Unbekannter,

ich habe Deine Anzeige im..... gelesen und mir vorgestellt was Du mit „u.v.m" gemeint haben könntest.

Zuerst zu mir; ich bin 29 Jahre alt, 180 groß und 75 Kg schwer/ leicht. Ich bin Sportler und schlank. Ich spiele aktiv Squasch im Verein und schwimme sehr viel. Ich bin unbehaart.
Als ich Deine Anzeige gelesen hatte, ging meine Phantasie mit mir durch. Ich habe mir vorgestellt, daß Du mich zu Dir befohlen hast um mich auszuprobieren wolltest, bevor Du Deine Freunde eingeladen hast, damit ich sie und Dich bedienen darf.
Es ist Freitag und ich soll um 18.00 Uhr bei Dir klingeln. Wie Du in einem Deiner Briefe befohlen hast, habe ich nur eine Unterhose an. Du öffnest die Tür und befiehlst mich herein. Nachdem Du mich begutachtet hast, erscheinen um 20.00 Uhr Deine Freunde; sie sind zu zweit. Ich liege bereits in vollgepisster Unterhose gefesselt auf dem Boden. Nachdem ihr ein paar Bier getrunken habt, stehe ich euch als Pissbecken zur Verfügung. Anschließend darf ich eure Schwänze und Ärsche sauberlecken. Hier bricht meine Vorstellung ab, da das doofe Telefon mich aus diesen geilen Bildern gerissen hat.Du siehst, ich könnte Dein Sklave und Diener sein. Ich bin für alles zu haben. Mach mit mir was Du willst. Ich führe jeden Befehl aus; das habe ich beim Bund gelernt. Wenn Du willst, stehe ich Dir sofort zur Verfügung. Für eine Nacht oder für ein ganzes Wochenende. Schreibe mir Deine Befehle und wann und wo ich Dir zu Diensten sein darf. Schreib mir Deine Wünsche und ich komme zu Dir und werde Dir gehorchen. Bitte laß mich nicht zu lange warten.
Ein Foto habe ich leider nicht, außer diesem Bild aus der..... (so ähnlich sehe ich aus). Solltest Du diesen, Deinen Sklaven nicht haben sollen, so schreib mir bitte eine Absage. Ich würde mich allerdings riesig freuen bei Dir in die Ausbildung gehen zu dürfen. Ich bin sehr gehorsam und lernwillig. Ich möchte gerne Dein Sklave und Lustobjekt sein, für alles was Du möchtest. Du darfst mich fesseln, anketten, anpissen, anspritzen, benutzen zu was Du willst. Du kannst mich allein oder mit Deinen Freunden benutzen oder an sie verleihen. Ich mache alles was Du befiehlst.
Bitte laß mich nicht in ungewissen.
Es grüßt Dich Dein untertänigster Sklave und Diener

Armin

Hallo Meister,

heute habe ich Deine Anzeige gelesen und möchte Dein Sklave werden. Ich bin Sklave Manfred 23/188/88 und komme aus Essen.
Ich habe eine eigene Wohnung und ein eigenes Auto. Entfernung spielt von daher keine Rolle. Ich bin extrem devot und masochistisch veranlagt. Ich mache alles!!! mit, was erniedrigt und Schmerzen bereitet, außer Nadelspiele und Kavier.

Ich möchte auch Ihr Lustdiener sein, und Sie in allen Variationen befriedigen. Sollte ich dies nicht zu Deiner/Ihrer vollsten Zufriedenheit tun, bitte ich um folgende Bestrafungen: hartes Peitschen mit Peitsche, Paddel, Gürtel, Gerte, Schwanz- und Sackfolter, schwere Gewichte, Klammern, viel heißes Wachs am ganzen Körper, an den Beinen hängend gefoltert werden, Reizstrom usw. Ich liebe auch Poppers. Ich bin kein Briefwichser, ich weiß wovon ich schreibe und das will ich auch.

Auf Wunsch auch mit Sklavenvertrag und Verleihung oder Erziehung mit mehreren. Sie werden es nicht bereuen, mich in Ihre Gewalt zu nehmen, denn ich bin echt veranlagt und kein Spinner, von denen so viele rumlaufen.

Ich werde alles tun, um Sie zufrieden zu stellen, und sie voll und ganz zu befriedigen. Würde mich auch gerne auf Partys vorführen lassen.

Ich würde mich freuen, schon bald von Ihnen zu hören, um so schnell wie möglich Ihr Eigentum zu werden.

Wenn möglich auch mit Bild, damit ich mir auch schon mal eine Vorstellung machen kann, aber nur wenn möglich, ich möchte nicht unverschämt sein, Sir.

P.S: Ich stehe auch auf NS, Videoaufnahmen und Schmerzbehandlungen können auch wegfallen, aber schön wären sie doch! Hauptsache ist, ich erfülle Deine Wünsche.

Bis hoffentlich bald

Sklave Manfred

Lieber Freund,

ich bin euer Sklave. Ich werde immer für Euch da sein (ein Leben lang!!!). Man muß mich nur wie ein Sklavenhund drillen mit viel Bondage und Wachs. Ich will nur nackt vor Euch sein. Ich werde auch wie ein Hund bellen und aus dem Napf fressen. Ich werde in einer Kammer schlafen und habe ewiges Redeverbot (nur bellen und jaulen). Anbei drei Fotos von ihrem neuen Hund auf Lebenszeit.

Jean M.

Hallo,

hättest Du lästige Arbeiten zu eliminieren? Sowie; Autowaschen, Fenster putzen, Bad-WC reinigen, Küche schrubben, waschen, bügeln, kochen, bedienen, abwaschen etc., etc., damit Du mehr Zeit für Dich und Deine Freunde hast?

Ich verreise für ca. 2 Jahre nach Amerika und suche deshalb einen Stellvertreter für meinen Sklaven.
Wenn Du möchtest, kannst Du meinen Sklaven während dieser Zeit benutzen. Du kannst ihn alle Arbeiten aufstapeln. Er kann bei Dir antreten - 2 x monatlich oder je nach Bedarf.

Es werden alle Arbeiten ausgeführt. Es gibt kein Zeitlimit. Es wird einfach gearbeitet und geschuftet, wie Du befiehlst, und zwar auf die perfekteste Art.
Entspricht das Resultat nicht Deinen Wünschen, so kannst Du ihm mit einem Leder & Gürtelriemen auspeitschen. Anzahl und Stärke der Schläge richten sich nach Deinem Empfinden.
Es werden alle Spiele durchgeführt - egal welche! (kein Kaviar und keine Verletzungen). Jede Schweinerei, Sauerei, Leckerei wird erledigt, und zwar auf die sauberste Art.
Wenn das Spiel nicht erfreulich und angenehm für Dich war, dann kannst Du ihn wieder entsprechend bestrafen. Hauptsache Du hast Spaß und kannst Dich amüsieren.

Wenn Dich dieses Programm interessiert und Du eine Art Stellvertretung während dieser 2. Jahre übernehmen willst, wäre ich bereit Dir für jedes Treffen zusätzlich 100.- DM Ausbildungsgeld zu zahlen.
Wie gesagt, es handelt sich nicht um eine Freundschaft oder Bekanntschaft, sondern vor allem um einen Arbeitssklaven. Du kannst Dein eigenes Programm ausarbeiten, mir ist es völlig egal wie und was - STRENG UND HART MUSS ES SEIN. Ich will einfach nicht, daß während meiner Abwesenheit kein Aufseher für meinen Sklaven bereitsteht und er dadurch faul und träge wird.
Danke

Gruß Karsten

Hallöchen!

Deine Anzeige im...... hat mich geil gemacht.Auch ich will erniedrigt werden. Liebe es, wenn mich einer runter macht. Mich macht es ganz geil, wenn mich ein strenger Boy (so wie Du?) mich fertig macht.
Ich bin eine total unterwürfige Sau und mag es geil angepisst zu werden und genau das zu machen was Du mir sagst.
Ja, fessel mich - bepiss mich - bespritz mich !!! Mach mich fertig !

Ich mache wirklich alles was Du mir sagst! Ich lecke Dir auch die Füße, die Arschbacken und Deinen geilen großen Schwanz und auch die Eier. Du kannst mich auch fesseln. Ich gehorche Dir aufs Wort! Mache mich bitte zu Deinen Sklaven. Ich brauche das! Fast jeden Tag wünsche ich mir das! Leider habe ich so etwas noch nie erlebt. Ich bin übrigens der Jan, 20 Jahre, schlank und treibe viel Sport. Als Job bin ich selbständig in der Computerbranche. Ich bin einige male im Monat in Hamburg.

Bitte melde Dich, daß ich die Erfüllung meines Lebens erhalte.
Ich möchte Dich gerne kennenlernen, schreibe mir bitte....

Dann kannst Du mich auch geil abrichten und bepissen und vieles vieles mehr.
Darf ich Dich um etwas bitten ???

Schicke mir doch noch bitte ein Foto mit Deinem Face, bitte.

Geile Grüße

Jan

Hallo Masterboy

Habe gerade Deine Anzeige in...... gelesen. Text und Foto sind ziemlich geil, ich weiß nicht, ob ich genau der richtige für Dich bin, aber was Du schreibst ist wirklich geil.

Kurz zu mir: Junggebliebener 30-jähriger, 186cm, 81 kg, beschnitten, relativ großer Schwanz. Relativ kurze Haare (dunkelblond, normal behaart. Du suchst ein unterwürfiges Sklavenschwein? Ich habe zwar nicht so viel Erfahrung damit, aber ich liebe es, von Dir wie eine Drecksau behandelt zu werden, ohne Respekt; behandle mich wie ein unterwürfiges schwules Schwein, das von Dir in möglichst arroganter, selbstherrlicher Art immer wieder gezeigt bekommt, wo sein Platz ist, nämlich immer an oder unter Deinen Füßen.
Du kannst mich zwingen Dir Deine Füße zu lecken und mir klatschende Ohrfeigen mit Deinen Füßen geben (das finde ich besonders demütigend) Außerdem kannst Du jederzeit Deine Füße in meiner dummen Sklavenfresse parken. Ich werde Dir vor allem ein ergebener Leckdiener sein, und meine Fresse wird sich daran gewöhnen müssen, daß wenn sie nicht gerade von Deinen Füße bearbeitet wird, meistens Dein Schwanz in ihr steckt.

Bin manchmal auch - wenn Du willst - ein wenig widerspenstig, wenn Du mich dann besiegst fühle ich mich besonders erniedrigt.
zum Thema Sicherheit: Ich verlange, daß ich nichts von Dir schlucken muß, es muß schon safe zugehen. Dauer-

haltung kommt für mich auch nicht in Betracht, aber regelmäßige Treffen wären schon geil. Entscheidend für mich ist Symphatie und Aussehen. Bitte schick mir Deine Vorstellungen und auch unbedingt ein Bild von mir.

Im Vordergrund steht bei mir, daß Du mich sehr arrogant behandelst. Ich hoffe, Dein Bild gefällt Dir. Wenn Du kein Interesse hast, dann Bild zurück.
Nun hoffe ich auf eine schnelle Antwort mit Bild von Dir und ausführlichen Vorstellungen, wie Du mich demütigen, erniedrigen, fertigmachen und quälen willst. Ich hoffe auf Deinen Schwanz in meinem Maul und auf Deine Füße in meiner Fresse.

Es grüßt den Masterboy das unterwürfige Sklavenschwein Burkhard

Hallo Masterboy,

ich beziehe mich auf Deine Anzeige in der...... und möchte mich hiermit als Dreckschwein bewerben.
Nachfolgend schreibe ich Dir, worauf ich stehe. Ich lecke ungewaschene Schwänze, die nach Pisse und Schweiß riechen - auch Nillenkäse ist willkommen. Auch stinkende Eier lecke ich. Desweiteren mag ich Körper- und Schweißgeruch.
Außerdem stehe ich auf Anpissen und auf Spucke, bzw. Rachenschleim genannt. Benutze meinen Körper als Pißbecken und meine Maulfotze als Spuckbecken. Du kannst mir aber auch ins Gesicht, in die Nase, und in die Augen spucken. Ich esse alle von Dir vorgekauten Speisen. Es darf auch gerne ein Kaugummi sein. Ich esse auch Nasenpopel und mag Nasenrotze. Du kannst mich auch anrülpsen und anfurzen.
Nun noch ein paar persönliche Daten: Ich bin 45 - 175 - 55 Habe schwarze Haare und braune Augen, am Körper leicht behaart und am Schwanz, Sack und Arsch rasiert. Habe ich Dein Interesse geweckt Dann würde ich mich über eine geile versaute Antwort freuen.
Bis dann, Dein Jörg

Hey !

Ich würde mich gerne total Dir unterwerfen. Du bist der Herr dem ich dienen will. Ich würde gern Dein unterster Sklave von Deinen Sklaven sein. Ich möchte alles machen damit Du besser leben kannst. Für mich ist es wichtig zu Dir herauf zu schauen. Ich möchte nur für Dich da sein. Ich möchte mein Leben in Deine Hand legen. Ich möchte Deine Füße, Arsch und Schwanz immer sauberlecken. Als Dank werde ich von Dir angepisst. Ich möchte zu Deinen Füßen liegen und für Dich kochen, putzen und arbeiten. Ich weiß das ich ein Nichts gegen dich bin. Aber ich hoffe vielleicht von Dir wahrgenommen zu werden. Ich bin nur eine kleine unterwürfige Sau. Ich hoffe von Dir ein Sklavenzeichen eintätowiert zu bekommen. Ich habe mich bis jetzt noch niemandem unterworfen. Das heißt ich bin noch sehr unerfahren. Aber es war auch noch kein wahrer Herrscher für mich da. Denn wenn ich mich unterwerfen soll dann soll es für immer sein und nicht nur für gewisse Zeiten. Ich brauch einen festen Herrn zu dem ich hinauf schauen kann.
Ob ich wohl Dein Sklave auf der untersten Stufe werden darf. Wenn Du mich also zu Deinem Eigentum erziehen willst würde es mich glücklich machen.
Zu mir, ich bin 41, 176 groß, wiege 72 kg. Habe einen kleinen Schwanz, bin am Unterschenkel amputiert. Bin tätowiert, bin kein Szenetyp und gesund. Ich koche gut, halte die Wohnung sauber, mache die Wäsche und gehe arbeiten. Als Dank werde ich von meinem Herrn erniedrigt weil er über mir steht und ich ihm gehöre. Ich hoffe sehr Dich eines Tages anbeten zu dürfen und nur noch für Dich da zu sein.

Mit vielen ergebenen Grüßen

Gunnar

VORZEIGBARER, SCHLANKER BOY IN AUFREGENDEN DESSOUS UND VERFÜRERISCHEN STRAPSEN STEHT IHM FÜR DIVERSE SPIELCHEN ZUR VERFÜGUNG.

Hallo Strapssau,

Deine Anzeige im...... hat mich sehr angesprochen. Ich stehe voll auf geile Boys in Strapsen - am besten in schwarzen Nahtnylons!
Ich würde Dich gerne einmal abficken, und mir meinen heißen Schwanz von Dir aussaugen lassen, bis das die Sahne in Deinen Rachen spritzt. Ich bin 36 Jahre alt, 182 cm groß und sportlich. Mein Schwanz ist sehr gut gebaut.
Wie sagt Rudi immer: „Laß Dich überraschen!" Ich bin immer fickbereit. O.k., ich fasse mich kurz: Hast Du Interesse, dann melde Dich!

Tschau bis hoffentlich bald und geile Strapsgrüße

Kurt

Hallo lieber bestrapster Typ

habe mit großem Interesse Deine Anzeige im...... gelesen. Ich heiße Markus, bin ein heißer fickbegeisteter Boy von 36 Jahren - aber sportlicher und viel jünger aussehend. Auf dem Foto siehst Du echt geil aus. Ein Damenslip würde Dir toll stehen. Vielleicht ziehst Du für mich ja mal den von meiner Frau an? Wenn Du mir ehrlich antwortest, dann kaufe ich Dir gerne ein paar Slips. Ich sitze nämlich direkt an der Quelle und komme an Massen geiler Damenslips heran. Mache auch für jeden interessierten Boy Gratis-Fotoaufnahmen. Je nach Wunsch allein oder mit mehreren. Ich würde Dich selbst gerne ficken (wie eine Frau) oder mir gerne einen abnuckeln lassen, bis der geile Saft kommt und Dich geil bespritzt. Habe Auto und Wohnung und genügend Schlafmöglichkeiten. Wie alt bist Du eigentlich?

Also liebe Stutensau, schreibe schnell!
Wenn Du es ehrlich meinst, bekommst Du auch geile Fotos und geile Slips.

Dein geiler Markus

Lieber Boy (Stute)

Deine Anzeige im...... hat mich neugierig gemacht und ich möchte gerne Kontakt mit Dir aufnehmen. Bin zwar aus Deiner Sicht aus gesehen von sehr weit her, aber da ich sehr oft geschäftlich in Hamburg unterwegs bin, ist es für mich kein Problem einen Dauerkontakt zu Dir zu pflegen.

Ich bin 44 Jahre, 1,72m groß, schlank, 68 Kilo leicht, nicht schlecht aussehend, gepflegt und gut gebaut. Mein Schwanz ist ausdauernd, spritzfreudig und mißt echte 19x5cm. Ich bin an der Schwanzspitze, am Sack und an den Brustwarzen beringt, sehr dominant, Maschinenbauingeneur und selbständig.

Bin sehr unkompliziert, einfühlsam und dominant. Brutalitäten in jeder Form lehne ich ab. Geschlechtsverkehr kann - muß aber nicht sein. Fesselspiele, soft peitschen, Fingeranal, Anal, Poppers, Blasen, Dildos, Faustfick (aktiv und passiv), Französisch beidseitig und verbales Erniedrigen werden von mir bevorzugt.
Mag es sehr gern wenn weibliche Attribute wie Strümpfe, High-Heels und Frauenkleider von einem geilen Boy getragen werden.

Vieles kann - aber muß nicht sein. Hauptsache ist, daß es DIR Spaß macht und DU supergeil wirst. Dann komme ich auch auf meine Kosten.

Professionelle Kontakte lehne ich ab. Auch halte ich nichts von Leuten die sich gegen Entgelt verkaufen wollen. Ich finde, daß eine ehrliche Zuschrift mit Foto zumindest zu den gleichen Bedingungen beantwortet werden sollte.

Entschuldige bitte meine Offenheit, aber ich bin kein Spinner oder Wichser der sich an Fotos aufgegeilt. Dafür könnte ich leichter ein x-beliebiges Pornoheft oder einen Video benutzen.

Ich suche keine Mehrfach- und/oder Einmalkontakte, sondern eine intensive Dauerfreundschaft.

mit geilsten Grüßen

Wolfgang

Hey, Hallo

leider habe ich erst jetzt Deine Anzeige im...... gelesen.
Ich hoffe das Du mir zur freien Verfügung stehst. Ich bin ein Typ wie Du ihn brauchst: 35 Jahre jung, bi, 170 cm groß, dunkelhaarig, gut gebaut und schlank.

Sehe auf vieles! Du mußt Dich nuttig anziehen, wie eine Prostituierte; ist das klar? Dann werde ich Dir ins Gesicht spritzen und Du leckst meinen Schwanz sauber! Außerdem bin ich noch mit Sex mit mehreren interessiert.

Gesundheit und Diskretion sind wichtig, da ich verheiratet bin!

Gruß

Berthold

Hallo, Du geiler Strapsboy

Ich bin der Helmut, ein 39 jähriger attraktiver und saugeiler Bengel (183,75 Kg) mit randvollen Eiern und einer stahlharten Prachtlatte mit extrem fetter Eichel. Ich bin ein sehr guter Lecker und Lutscher und ich werde Dein Vötzchen schön lecken und lutschen, Du kleine Süße. Auch als Bläser und Ficker bin ich sehr gut drauf. Ich werde Dir meinen Fickprügel in Deine geile Maulvotze stopfen und mich mit Deinen Arsch auf Deinen Gesicht setzen, damit Du auch meine geile Votze lecken kannst. Strapsen machen mich dabei ganz wild, auch wenn Du Dich darin wie ein Frau bewegst. O, ja, mach mich geil, Du kleine Strapshure. Ich will mit Dir rumsauen, bis wir uns unsere Ficksoße literweise um die Ohren spritzen.

Saugeile Grüße

Helmut

Hallo Boy!

Welch eine Anzeige. Sie gefällt mir sehr gut, da ich Männer in Strapsen sehr geil finde. Ich mag ganz besonders schlanke Boys, die geile Wäsche tragen.
Damenwäsche bei jungen schlanken Boys ist sooo erotisch. Sicherlich hast Du auch einen tollen Knackarsch, denn Du bist ja superschlank.
Ich selbst bin ein Transvestit 47,191,108 und bin trotzdem gut beweglich! Nun hast Du sicher sehr viel Briefe erhalten und hast keine Zeit oder Lust mehr, noch einen weiteren Kontakt zu suchen.

Ich selbst hatte ja auch schon mal eine Anzeige aufgegeben und habe schon einige nette Männer kennengelernt. Niemand war aber dabei, der so richtig auf Strapsen abgefahren war und der darin beherrscht werden wollte. Ich bin sehr fordernd und für ausgefallene Spiele zu haben.

Am letzten Wochenende habe ich mich mit 3 Soldaten getroffen. Eigentlich hatte ich mich mit nur Einem treffen wollen! Wir trafen uns auf einen Parkplatz. Sie kamen mit einem LKW. Es war ja nicht so kalt, so daß wir es geil treiben konnten. Von drei Schwänzen geil gefickt zu werden ist schon ne tolle Sache. Mein ganzer Körper war mit Sperma vollgespritzt. Stell Dir nur vor, Du fickst mich in Strapsen und gleichzeitig dringt jemand in Deinen Po ein.

In einem Pornokino habe ich einmal mein tollstes Sexerlebnis gehabt. Es war in Dortmund wo ich allein in so ein Kino ging. Da waren Kabinen die man so verschließen konnte. In eine größere Kabine setzte ich mich dann rein. Es waren 2 Doppelsitze darin. Kurze Zeit später setzte sich ein Kerl neben mich, der eine tolle Figur machte. Und plötzlich spürte ich seine Hand zwischen meinen Schenkeln. Dann griff auch ich zwischen seine Schenkel und ergriff den gewaltigsten Schwanz meines Lebens. Als der Typ sich auszog kamen bei ihm Strapsen zum Vorschein und auch geile Strümpfe. Er drückte meinen Kopf nun nach unten und ich mußte ihm einen blasen, was bei dieser Größe nicht so einfach war. Er spritzte mir seine Elefantenladung tief in den Mund. Irgendwann trat noch ein weiterer Typ in die Kabine ein. Die beiden fickten mich dann abwechselnd und pumpten mich mit ihrem Sperma so richtig schön voll.

Leider habe ich sowas niemals wieder erleben dürfen. Mein Wunsch ist es nämlich seit dieser Zeit, es mit mehreren Männern zu treiben.
Was ich auch geil finde ist, wenn man ein paar geile Fotos macht oder sogar ein Video. Es muß aufregend sein, wenn man hinterher sich noch einmal sehen kann.

Wann könnten wir uns treffen? Nach einem Unfall liege ich wohl noch 3 Wochen im Krankenhaus. Dann sollten wir uns aber treffen.
Drück mir die Daumen das es klappt.

Geile Grüße

Sascha

Hallo Strapsboy,

wir haben Deine Anzeige im...... gelesen und würden Dich gerne kennenlernen.
Wir sind ein Freundespaar, 37 und 32 Jahre alt, und immer auf der Suche nach einem geilen Typen für heiße

Sexspiele zu dritt.Da wir beide total auf Boys in Strapsen, Nylonstrumpfhosen und Bodystocks und ähnlichen Outfit stehen, kam uns Deine Anzeige gerade recht.

Im Sex ist für uns außer SM und Dirty alles möglich. Alle Be-teiligten sollen ihren Spaß haben. Gerne würden wir Deinen heißen Body in Reizwäsche aufgeilen, uns von Dir unsere Schwänze, Eier und Ärsche lecken lassen und Dich gleichzeitig in Arsch und Mund ficken. Apropos „Ausgefallene Spiele": Gerne würden wir Dich auch mal von Kopf bis Fuß in einen durchsichtigen Nylon-Bodystock anziehen und Dir zusätzlich einen Nylonstrumpf als Maske über den Kopf ziehen. Das macht uns nämlich besonders an.
Wenn Du Lust hast uns kennenzulernen, dann schreib, oder besser noch, ruf an. Am besten am Abend.

Dann bis bald und geile Grüße

Wolfgang und Klaus

Hallo Zofe,

Ich habe Deine Anzeige im...... gelesen und möchte hiermit mein großes Interesse bekunden.
Zunächst mein Kompliment, Du siehst auf dem Foto supergeil aus. Ich glaube, jeder Mann wäre scharf auf Dich. Ich, Fritz, 45 Jahre jung, 174/78 schlank, aktiv, gut bestückt und jünger aussehend wäre z.B. scharf auf Dich. Ich wäre sehr interessiert daran aus Dir eine richtige TV-Zofe zu machen.
Wenn es möglich ist, dann würde ich schon einen dauerhaften Kontakt mit Dir anstreben. Hoffentlich bist Du so richtig willig und tabulos - das kann man nur hoffen! Da ich in Berlin wohne, dürfte die Entfernung kein Pro-blem sein, oder? Es wäre schön, wenn Du mir möglichst bald eine positive Antwort zukommen lassen würdest, worin Du auch Deine Wünsche äußern solltest. Ich sehne mich danach, Dich nach allen Regeln der Liebeskunst als Frau behandeln zu können.
Es wäre toll, wenn Du mir noch ein paar tolle Fotos (in Strapsen) von Dir zuschicken könntest.

Ehrlich gesagt, kann ich es gar nicht mehr erwarten Dich in voller Schönheit vor mir zu sehen.
Bitte melde Dich schnell, Du kleine Strapsmaus

Herzliche Grüße von

Fritz

Mein liebe kleine Sklavin

Deine Annonce in der...... hat mich animiert Dir zu schreiben. Ich habe über eine längere Zeitspanne mit Männern (immer nur einer zur Zeit) zusammen gelebt. Außerdem war ich noch mit ein paar Frauen über einen längeren Zeitraum in einer Beziehung.
Wie Du also siehst bin ich Bisexuell. Ich bin es gewohnt meinen Willen durchzusetzen.
Ich bin 44 Jahre alt, langhaarig (mittelblond), Bartträger (kein Vollbart). Langfristig würde ich eine Übersiedlung von Dir zu mir erwarten. Da ich nicht sehr mobil bin sind die Treffen nur in Hannover erwünscht. Ich habe ein schönes Haus hier. Außerdem erspart Dir das die Peinlichkeit wenn wir frivol ausgehen, da Dich hier bestimmt keiner kennt. Diese Spaziergänge finden aber erst später statt!
Noch Interesse? Dann ruf mich an und Du erfährst noch näheres.
Brieflich ist es mir zu langweilig und es kommt leicht zu Mißverständnissen, weil Dinge nicht gleich hinterfragt werden können. Ich schmeiße manchmal Sätze in den Raum, die jemand der mich nicht kennt, ohne Erklärung nicht versteht.. Wenn Du lieber schreiben willst, dann erwarte ich eindeutige Erklärungen.

Mit gestrengem Gruß

Hauke

ER (22) MIT FAIBLE FÜR FÜßE UND FUßSEX SUCHT BOY ODER MANN ZUM GEMEINSAMEN AUSLEBEN UNSERER PHANTASIEN

Hallo,

Ich habe Deine Anzeige in der...... gelesen. Wie Du, stehe ich auch auf Fußsex. So mag ich z.B. Füße lecken, Zehen saugen, Füße massieren, sie streicheln und vor allem kitzeln. Ich würde Dich gerne kennenlernen.
P.S: Bin oft in Hamburg unterwegs.

Melde Dich doch bitte recht bald bei mir!

So long

Kai

Bock ?

UNGEWASCHENE SCHWÄNZE, GEGENSEITIGES VOLLSPRITZEN UND SPERMASCHLUCKEN, VERSAUTE POLOCHSPIELE UND FÜSSE ??
Ich heiße Martin, bin 18 Jahre alt, 1,60 Meter groß und wiege 53 Kilo und super-extrem-versaut. Ich bin etwas behaart und meine Freunde sagen alle ich wäre ganz schön gutaussehend. Wenn Du aber unbedingt ein Foto von mir haben möchtest, mußt Du Dich mit mir treffen oder bei mir melden. Ich stehe unwahrscheinlich auf Fußsex und andere versaute Sachen. Wir sollten uns treffen: natürlich total ungewaschen und geil verschwitzt (geile Käsefüße schnüffeln).Wir lutschen dann unsere stinkigen Schwänze und Füße und riechen auch unsere geilen Strümpfe. Will an Deinen Arsch schnuppern und auf Deine stinkigen Füße abspritzen und meine Wichse dann davon ablecken.
Ich kann Dich natürlich auch rasieren, oder Du mich !
Ich kann Dir meine schleimige Ladung auch zum Schlucken ins Maul wichsen.
Oder hast Du bessere Vorschläge ?

Martin

Hey,

Deine Anzeige im...... klingt so irre geil, daß ich Dir sofort schreiben mußte.

Ich heiße Sven, komme aus Nürnberg, bin 27 Jahre, 189, 74, sehe aber aus wie 24, und bin eher cool als schwul.

Treibe viel Sport, hab 'nen sportlichen und knackigen Body, unbehaart, teilrasiert, sonst dunkelblaue Augen, sehr kurze Haare, natürliches Auftreten, eher gutaussehend und ich kann nicht so auf die Szene.

Ich bin absolut unersättlich auf spontanen unkomplizierten megageilen Füßesex. Alles muß da dabei sein: Füße lutschen, Käsequanken, Stinkesocken, Fußriech-Orgien usw.
Natürlich sollte alles mit wilden Spermaschlachten enden.
Es wäre geil, wenn wir uns gegenseitig auf die Füße pinkeln würden und uns diese dann gegenseitig abschlecken würden. Wir können sie uns ja auch mit Sprühsahne besprühen. Hauptsache wir treiben es zärtlich bis handfest.
Ich mag gerne die Fußzehen mit dem Mund saugen, bevor Du mir Deinen kochenden Saft ins Gesicht scheißt. Macht Dich das an? Mich total, habe jetzt schon 'nen Ständer, wenn ich nur dran denke. Ach ja, meiner hat geile 18x4,5 cm.

Schreib mir halt Deine Vorstellungen und wie es abgehen soll.
Also meld Dich und wir gehen ab.

Ciao Sven

Hi

habe gerade Deine Anzeige im...... gelesen. Hört sich wirklich geil an! Ich stehe ganz genau wie Du auch auf Füße. Wenn Du willst könnte ich mir auch Rollen-

spiele mit Ausgefallenem vorstellen. Versautes Reden fände ich geil dabei. Ich mag es, wenn ich in diesen Spielen dann der Unterlegene bin.
Früher hat mein älterer Brüder oft mit mir „gerangelt" und dabei ist es dann passiert. Natürlich war er sehr viel stärker als ich, da er einige Jahre älter war. Also hatte er die Kämpfe immer für sich entschieden und saß dann immer auf mir drauf (in Hüfthöhe) und hielt mir seine Füße ins Gesicht. Ich erinnere mich, wie mich das immer ganz seltsam erregt hatte. Vielleicht können wir ja so etwas spielen. Ich meine, Du bist dann mein großer Bruder.

Natürlich können wir auch was anderes machen. Das war ja nur so ein Vorschlag. Vielleicht gefällt er Dir ja auch.

Also melde Dich
Ciao bis bald
Marek

Hallo !

Ich habe zufällig Deine Anzeige im..... gelesen, und ich habe großes Interesse Dich kennenzulernen. Ich bin 47, 170 und 70 Kg schwer und kräftig gebaut - und nur an den Beinen behaart. Du schreibst das Du Fußsex magst, und da gehören ja die Beine wohl noch zu, oder? Ich würde mich sehr freuen, wenn Deine Beine schön behaart sind. Behaarte Beine machen mich total an. Auf Dein Foto ist es leider nicht zu erkennen. Sie müssen ja nicht so stark behaart sein, aber ein wenig dann doch schon. Hauptsache man kann es sehen und spüren. Zum Beispiel: wenn wir beide miteinander rangeln und ich Dir sage, daß Du meinen Oberkörper oder Kopf mit Deinen geilen behaarten Beinen umklammerst, und ich dann Deine behaarten Beine ganz stark spüre, so wie ich es mir wünschen tue. Ich stelle mir auch vor, daß Du mein ganzen Körper leckst, streichelst und auch meinen Schwanz bläst - und ich dabei Deine behaarten Beine streicheln tue. Die Beine gehören immer dazu - O.k.? Ich hoffe, daß Du das alles mitmachst, und natürlich noch sehr viel mehr.

Schreibe mir doch einfach mal über Deine Vorstellungen, damit es bald losgehen soll. Ich freue mich schon auf Dein behaarten Beine.

P.S: Auf Füße stehe ich nicht so!

Geile Grüße

Manfred

Hallo, Du Fußgeiler Typ,

damit es gleich klar ist: Mein Name ist Hermann 46,172,85

Ich gehöre also höchstwahrscheinlich nicht Deiner Zielgruppe an.

Mein Hobby ist das Video in seiner geilsten Form.
Dein Bild und Deine Anzeige lassen vermuten, daß Du so richtig schön pervers und wohl auch schön zeigefreudig bist. Ich suche noch perverse Aufnahmen für meine PRIVATSAMMLUNG.

Die Distanz zwischen unseren Wohnorten ist zwar beträchtlich, solltest Du Dir aber ein kleines Taschengeld verdienen wollen, werden wir mit Sicherheit schon einen Weg finden. Ich werde dann megageile und extremperverse Videoaufnahmen von Dir machen.
Auf eine ausgefallene Antwort von Dir freue ich mich schon

Hermann

SCHÜCHTENER ABER WILLIGE BI-BOY HURE SUCHT DIE ERSTEN ERFAHRUNGEN MIT EINEM AUGESCHLOSSENEN (EVENTUELL DOMINANTEN) BI-PÄRCHEN

Hallo unbekannte Hure

Wir haben mit großem Interesse Deine Anzeige im...... gelesen. Da Du auch in Hamburg wohnst würden wir ich gerne kennenlernen.

Wir sind ein dominantes Paar (23 und 37 Jahre alt). Da Du ja devot bist, können wir uns gut vorstellen dich mal ordentlich ranzunehmen.

Ich bin 1,96 Meter groß und schlank und sportlich. Meine Frau ist 1,66 Meter groß, mollig mit großem Busen und großen Po. Sie liebt es ausgiebig geleckt zu werden. Deine Veranlagung wird durch uns zur Vollendung gebracht. Für mich ist es wichtig Dich wie ein Hure zu benutzen. Also, wenn Du Lust auf eine gute Erziehung hast ruf uns an.

Bis dann

Jakob und Frauke

Hallo !

Wir sind ein glückliches Ehepaar und suchen trotzdem einen devoten Boy, der als Leck- Schluck und Fickhure uns bedient. Karin ist 27 Jahre alt, vollschlank, große Titten, rasiert und dunkelhaarig. Rüdiger ist 41 Jahre alt, vollschlank, rasiert und Schnauzer.
Sind dominant und wollen das Du uns verwöhnst. Du mußt lecken, schlucken und ficken. Wir legen Wert auf Diskretion und Sauberkeit. Wir haben ein ausgeprägtes Gesundheitsbewußsein und sind nicht brutal, sondern sauschweinisch. Wir lieben vulgäres Reden, sich gegenseitig anmachen usw.

Solltest Du Interesse haben uns ohne wenn und aber zu dienen, würden wir uns freuen Deine ausführliche Bewerbung zu bekommen.
Bild von Deinem Schwanz und Deinem Arschloch wäre schön.

Mit dominanten Gruß

Karin und Rüdiger

Hallo Du !

Tolle Anzeige - hat uns angemacht - wirklich !
Wir haben großes Interesse Dich einmal näher kennenzulernen und vielleicht verbringen wir sogar ein paar schöne Stunden miteinander. Denn ein richtiges Treffen sagt ja nun einmal viel mehr als ein paar Sätze aus.

Die Voraussetzung ist natürlich Sympathie!

Unsere Vorstellung wäre unter anderem, daß Du uns beim Bumsen geil leckst und selbst auch beim bumsen geleckt werden möchtest.
Es sollte Dir auch nichts ausmachen einen Schwanz zu blasen, oder von einem Mann einen geblasen bekommen.
Das ist natürlich nur einiges, aber es soll ja alles in Rahmen bleiben.

Solltest Du noch immer Interesse haben, dann rufe uns bitte an und wir vereinbaren ein Treffen.

Mit netten und geilen Grüßen

Katrin und Georg

Hallo, Bi- Boy Hure

Um es gleich vorweg zu sagen: Wir sind zwei Lesben: Karin(41, vollbusig, korpulent) und Mareike (27, sehr schlank, knabenhaft).
Wenn Du nun immer noch Interesse hast oder zumindest

noch neugierig bist, dann lies weiter:
Wir beide können eigentlich mit Männern nichts anfangen. - deshalb sind wir ja auch Lesben (lach). Doch schon seit längerer Zeit (wir leben schon 7 Jahre zusammen) träumen wir von einem femininen Boy, der sich uns gegenüber ganz wie ein Mädchen zu verhalten hat. Er muß sich so kleiden, so bewegen und vor allem im Bett ganz genau so wie ein kleines Mädchen verhalten.

Wenn Du also Lust hast Dich von uns mit einem großem Dildo behutsam (oder auch wild) bumsen zu lassen, und uns anschließend ganz gehorsam und willig unsere klatschnassen Spalten leckst, dann melde Dich bei uns, Du kleine Boyhure....

Deine Karin und Mareike

ER (34), DURCHSCHNITTLICHE ERSCHEINUNG, SEHR BEHERRSCHEND UND EXTREM VERSAUT UND ABARTIG, ERZIEHT DEVOTEM IHM ZUM GEHORSAMEN TOILETTENSKLAVEN

Hey!

Ich habe Deine Anzeige in...... gelesen und möchte von Dir erzogen werden.

Ich bin 38 Jahre alt, 190cm groß und wiege ca. 80kg. Foto anbei, schick es bei Desinteresse unbedingt zurück.

Ich wünsche mir fertig gemacht zu werden, Besamung, extrem abartige Behandlung, Pisse saufen, Kacke auf meinem Körper - völlige restlose Befriedigung. Ich habe bereits große Erfahrung und wünsche mir den befriedigensten Sex meines Lebens!

Bitte melde Dich jetzt schnell und ausführlich.
Beeile Dich, ich warte !

Geiler Spritzgruß

Hajo

Hallo verehrter Mann,

Dein Inserat im...... hat mich neugierig gemacht. Gerne würde ich zu einer Toilettensau abgerichtet werden. Die warme Jahreszeit ist doch geradezu ideal dafür - für diverse NS/KV-Geschichten gibt es versteckte und verträumte Gewässer, wo man sich anschließend wieder säubern kann. Du könntest Dich mit Deiner geilen Scheiße beschmieren und ich würde Dir alles ablecken.
Wo wohnst Du ? Wann hast Du Zeit? Ich bin schon 48 Jahre alt, nicht mehr jung, wie Du sicher meinst, aber dafür habe ich reichlich Erfahrungen und bin sehr devot.

Du kannst mich zum Beispiel auch fesseln oder an einem Halsband durch einen abgelegenen Waldteil führen. Würdest Du derartiges befürworten? Vielleicht könnten wir ja auch gemeinsam eine Vorstellung der Gruppe „Quälgeister" in Berlin besuchen? Über eine Antwort würde ich mich sehr freuen, verehrter Meister.

P.S: Könntest Du mir nicht eine kleine Probe Deiner Scheiße mitsenden?

Hartmut

Sehr geehrter Unbekannter

mir ist Ihre Anzeige im...... sogleich ins Auge gestoßen. Ich bin leidenschaftlicher Liebhaber und Kenner der Dirty-Szene.

Mein Problem: Ich bin weit über 70 Jahre alt und außerdem bereits seit mehreren Jahren an einem Rollstuhl gefesselt. An meinem perversen Trieb hat das allerdings wenig ändern können.

Ich werde ihnen wohl zu alt sein, verehrter Unbekannter - Das ist mir klar!! Ich bin bereit für NS- und Kavierspenden großzügig zu zahlen. Am liebsten habe ich es, wenn sie mir - vor meinen Augen - ein exklusives Dinner „zusammenstellen" würden. Sie müßten dann nur noch zuschauen, wie ich es, vor ihren Augen verköstigen werde.

Bitte, bitte, erfüllen sie mir doch diesen Wunsch.
Ich bin bereit Ihnen diese Aufmerksamkeit mit 500.- DM groß-zügig zu entlohnen.

Über ein baldige Antwort würde ich mich sehr freuen

Ihr H.J.K

Hi !

Deine Anzeige im...... hat mich echt heiß gemacht. Ich bin ein geiler Bengel 40, groß und schlank, der gerne ohne große Anlaufzeit versauten Sex macht und als Sklave tierisch geil unterworfen und mißbraucht wird.
Ich bin mal gespannt, wie weit Du meine Wünsche erfüllst....
Und das kannst Du mit mir machen:
Fesseln, knebeln, Socken riechen lassen, Füße lecken, Arsch lecken, in den Mund pissen oder anpissen sonstwohin, Ausbildung zum Leckdiener, alsbald, Hundehaltung, Blasen, auf den Schwanz kacken, leichte Arschtritte oder Schläge, Rasur, Masken, Schlucken, Kaviar in allen Variationen.

Was ich nicht mag: Harte Brutalitäten und AV

Es wäre nett, bald eine erste Antwort mit Vorstellungen zu erhalten und ein Foto von Dir zu kriegen, damit ich bald den ersten Schwanz lutschen muß.

Ich brauche dringend meinen Boß

Geile Sklavengrüße

Alexander

Hallo, grüß Dich Meister

Deine Anzeige hat mich durchaus angesprochen. Ich denke, Du hattest eine gewaltige Resonanz auf Deine Anzeige. Ich erwarte einen Kerl, der eine knackig enge Badehose trägt. Möglichst schon lange Zeit gut eingetragen und mit Pissflecken, etliche Male reingewichst und hinten mit braunen Streifen. Du brauchst auch nicht unbedingt frisch geduscht zu sein, und Dein Schwanz sollte auf jeden Fall ungewaschen sein. Du darfst Deinen Arsch auf gar keinen Fall sauber gemacht haben. Ich lecke Dir Deine dreckige Badehose sehr gerne sauber - auf Deinen Befehl hin !
Klar, würde ich mich Dir auch unterwerfen. Bitte schreibe

mir doch noch, was bei Dir noch alles so dazu gehört, wenn ich mich Dir als Scheißhaus zur Verfügung stelle. Ich denke, wir sollten die Grenzen vorher festlegen, damit wird beide etwas davon haben. Hast Du eigentlich harte und feste Scheiße? Ich kann nämlich überhaupt nicht auf Dünnschiß etc. Als Badehose solltest Du nicht unbedingt eine schwarze Hose nehmen, sondern doch eher eine helle Farbe, damit die Flecken gut sichtbar sind. Ich fahre ungeheuer auf Typen in engen Badehosen ab.
Ich würde mich freuen, wenn Du mir meine Fragen beantworten würdest. Allerdings bitte ich Dich um Verständnis, wenn es in diesen Jahr mit unseren Treffen nicht mehr klappen wird, da ich noch in einer festen Anstellung als Toilettensklave bin.
Kannst Du mir bis dahin nicht so eine Art Fragebogen entwerfen, wo jeder Punkt zum Schluß mit „Ja" oder „Nein" abgegrenzt werden kann.
Hast Du eine enge Jeans? Hast Du eine enge Badehose? Ich denke, daß Du darin attraktiv aussiehst.

Dein dreckiger Toilettensklave

Norbert

ER, BOY, SCHLANK, SCHMÄCHTIG, UNBEHAART, DEVOT UND SAUSCHWEINISCH SUCHT ABRICHTUNG ZUM „TOILETTENBOY“. BIN AUCH AN EINER ERZIEHUNG ZUM BETTNÄSSERBOY INTERESSIERT!

Hallo, Du geiler Unbekannter

Tja, nun schreibe ich erst jetzt. Hoffentlich ist es noch nicht zu spät?
Ich habe ziemlich oft einen geilen Steifen! Willst Du ihn mir auspacken und die herbe geile gelbe Brühe schmekken? Ich stehe total drauf und möchte gerne vieles Neues ausprobieren. Du auch?
Dann sollten wir uns zusammentun! Alles ist möglich! Von geilen Wichs- und Pißbriefwechsel bis zu Pisse- und Scheißtreffs. Je nach Sympathie. Sollte ich also nicht dein Typ sein so hätte ich wenigstens Interesse an einem absolut versauten Briefkontakt.
Mich geilen lang getragene, gelb eingepißte Slips ebenso auf, wie gefüllte Pariser, geile Pisse- und Kaviervideos oder besprochene Wichskassetten, wo wir uns beim geilen Stöhnen, Wichsen und Pissen zuhören (auch beim Abkacken). Außerdem bin ich am geilen Fototausch interessiert. Dein Foto in Deiner Anzeige hat mir besonders gut gefallen.
Bitte schreibe mir, welche geilen Phantasien in gelb und braun Du gerne verwirklichen würdest. Außerdem möchte ich gerne wissen wieviel Erfahrungen Du schon hast, besonders mit Scheiße. Es gibt ja nicht eben viele Boys, die das wirklich mal ausprobieren, obwohl so viele darüber reden. Ich muß gestehen, daß ich mit braun noch so gut wie keine Erfahrungen habe, aber ich bin total neugierig darauf.
So liebe ich es z.B. mir hin- und wieder selbst mit Hochdruck in den Slip zu kacken und dann die braune Masse weich und warm zu spüren.
Gerne würde ich die geilsten Kavierspiele im Freien oder im Zimmer auf einer Plastikplane oder aber in der Badewanne ausprobieren. Vielleicht kennst Du ja auch mehrere Boys, die bei so einer Action gerne einmal mitmachen würden. Ich würde gerne einmal ein geiles

Gruppenpisssen und Grupppenkacken veranstalten. Es muß geil sein, einen Arsch anzupissen, aus dem gerade langsam der Kaviar gleitet. Oder vielleicht hast Du ja auch einfach Lust, daß wir uns gegenseitig beim Kacken fotografieren?

Unserer Phantasien sind keine Grenzen gesetzt. Die Fotos die ich Dir mitgeschickt habe kannst Du gerne behalten. Auf den beiden Arschfotos siehst Du mich beim Scheißen in eine Wäschewanne.
Vielleicht hast Du Lust bessere Fotos von mir zu machen?

Geile Grüße

Christian

Hi Du geile Sau

Ich würde Dir gerne einmal in Deine geile Fresse pissen. Machs Maul auf und Du bekommst von mir geile heiße Männerpisse! Scheiße Dir auch in Dein geiles Maul. Setze mich auf Deine geile Fresse und „scheiße einen ab". Du Scheißegeile Sau kannst Dich ja mal melden, denn meine Pisse und Scheiße warten schon auf Dich!

Mit pissgeilen Grüßen

Rainer

Hallo, Toilettensklave

Ich will Dich so rannehmen wie Du es brauchst, also wie ein mieses Stück Dreck, aber ohne Gewalt. Du wirst mein Nigger sein, meine ungewaschenen Füße lecken, meine Pisse saufen und meine Scheiße fressen. Oder ich lasse Dich auf den Boden kacken oder auch auf meinen Schwanz und dann mußt Du es ablecken.
Eine kleine Geschichte habe ich mal geschrieben, wie so etwas ablaufen könnte. Und wenn ich wieder einmal in

Hamburg bin, dann komme ich vorbei und nehme Dich ran. Bis dahin hoffe ich aber von Dir zu hören.

Hier nun meine Geschichte:
Als Armin bei mir ankam war er sehr müde aber zugleich auch hellwach, denn Armin war mächtig aufgeregt, und fragte mich, ob das Leben jetzt anfängt, daß, was er sich so sehr wünschte. Als Armin sich ein wenig bei mir eingelebt hatte, sagte ich ihm, er solle es sich gemütlich machen und sich umziehen. Also holte Armin seine Tasche. Er wollte sich seine Joggingsachen anziehen, doch als Armin nackt vor mir stand, sagte ich: „Bleib so!“ Das tat Armin dann auch und ich stellte die Heizung etwas höher, so das Armin nicht frieren mußte.
Armin mußte auf dem Boden knien. Ich ging um ihn herum und tastete ihm ab. Ich sagte: „Mit Dir könnte man schon etwas anfangen und Dein Body wird irgendwann so aussehen wie ich ihn haben möchte. In den Hüften schön schmal und an den Schultern schön breit.“ Dann wollte ich Armins Loch sehen und er mußte es mir zeigen. Ich bückte mich und griff ihm hart an den Arsch und zog seine Backen auseinander.
„Okay, sagte ich: „Dein Loch ist schön eng, daß werden wir weiten“
Er sei noch nie gefickt wurden, sagte mir Armin. „Das werden wir ändern“, erwiderte ich.
„Komm schon mal mit ins Bad. Ich muß pissen“, sagte ich. Armin folgte mir und wußte nicht so recht was er tun sollte, also kniete er sich hin. „Machs Maul auf!“, befahl ich. Ich beugte mich über sein Gesicht und dann ging es los, alles direkt in seine geile Fresse hinein. Die Pisse sammelte sich in seinem Maul und plätscherte rechts wie links die Wangen herab.
Als ich fertig war, sagte ich: „Das Schlucken wirst Du auch noch lernen müssen.“ Nun mußte sich Armin auf den Rücken legen.
„So, und jetzt leck mir meinen Arsch, Du Sau“, meinte ich. Und Armin leckte wie ein Irrer. „Mach ein Maul weit auf, meinte ich schließlich“. Und die bräunliche Masse bahnte sich ihren Weg in seinen und. Was nicht hineinpaßte legte sich wie eine Schlange auf sein Gesicht. Und es kam immer mehr nach. Armin hatte die Scheiße mittlerweile in den Augenhöhlen, über der Nase, auf der Stirn und auf dem Hals. Dann befahl ich Armin

sich einen runter zu holen. Armin fing an seinen Schwanz zu wichsen. Ich tat es auch. Armin schoß es schon bald in hohen Bogen heraus. Dieser Anblick machte mich so geil, daß ich auch gleich darauf kam und ihm ins kackverschmierte Gesicht wichste. „So, jetzt mach Dich sauber" Dann ging Armin sich duschen und lachte mich beim vorübergehen fröhlich an.

Geile Grüße

Alex

Hallo Du geile dreckige Drecksau!

Ich werde Dir jetzt keine Fahrplan oder Handlungsablauf schreiben. Ich denke das werde ich in der jeweiligen Situation entscheiden. Auf alle Fälle wird Dein Arsch und Dein Maul richtig durchgefickt. Ferner kannst Du Dich schon mal auf das Saufen meiner Pisse und das Fressen meiner warmen Scheiße einstellen.

Du wirst mir devot meinen verpissten Schwanz lecken und mir meinen Arsch mit Deiner Zunge richtig schön entspannen, so daß er sich richtig schön öffnen kann und Dir die heiße Nahrung freigibt!
Wenn ich Dich ficke und mein Schwanz nach Deiner Scheiße stinkt, wird er Dir ins Maul gerammt und anständig von Dir gereinigt. Sollte ich beim ficken merken, daß Du einen Einlauf benötigst, bekommst Du Pisse oder Wasser in Deinen Arsch gepumpt. Um die Flüssigkeit besser sickern zu lassen, verschließe ich Deinen Arsch mit einem Plog. In solch einer Pause werde ich mich dann um Deiner Eier und Schwanz kümmern. Dein Gesicht und Dein Maul werden meine Rotze spüren und Du wirst natürlich immer wieder Pisse schmecken. Irgendwann darfst Du dann Deinen Darm entleeren. Dieses geschieht entweder in der Dusche oder auf einem Gummilacken. Den Darminhalt hast Du natürlich vor meinen Augen zu entsorgen und zu reinigen. Deine Arschvotze wird mit einem Spreitzer und Dildo geweitet. Im Poppersrausch wird sie dann richtig schön aufnahmefähig. Dann werde ich mit meiner Faust Deinen Darm bearbeiten und massieren.

Was ich bei der Erkundung des Darms finde wirst Du natürlich sofort und unter betteln wieder aufnehmen.

Also, Du kannst dich schon einmal auf ein total säuisches Treffen einstellen. Wenn Du richtig geil devot bist und um Behandlung und Erniedrigung bettelst, solltest Du bestimmt auf Deine Kosten kommen.Da ich kein Egoist bin, würde ich auch gerne von Dir hören, worauf Du besonders geil bist, bzw. was dich besonders antörnt.

So, fürs Erste wars das! Ich hoffe, daß ich bald mit Dir und Deinen Körper live rumgeilen kann. Anbei noch einen kleine Probe meines Spermas: Nehme das Kondom in den Mund und wärme es zunächst unter geilen Lecken und Lutschen auf Körpertemperatur auf. Dann öffne den Knoten und lecke es langsam mit der Zunge aus. Dabei wirst Du Deinen Schwanz und Deine Votze bearbeiten. Deine Arschfinger leckst Du zwischendurch immer wieder ab. So bekommst Du eine geile Mischung meines Spermas und Deiner Scheiße.
Also, halte Dich daran und spritze anschließend geil ab!!!
Also, ich erwarte von Dir zu hören, um ein Treffen zu vereinbaren.

Falco

Hallo !

Ich schreib Dir auf Deine Anzeige im...... Ich heiße Martin, bin 39 Jahre alt, 185/85 und mag gerne Spiele mit Sekt und Kaviar. Gerne würde ich sehen, wie Du Dir in die Hose kackst. Das mein Wunsch nicht umsonst ist, ist mir klar.

Ich würde Dich dafür auch gerne bezahlen.
Zahle bis zu 300.- DM und mehr wenn Du in der Öffentlichkeit in die Hose scheißt.

Gruß Martin

Hallo, geiler Toilettensklave

Deine Anzeige im...... hat mich wahnsinnig scharf gemacht.
Ich will Dich erziehen, Dich verbal erniedrigen, zu Weckdiensten an Füßen am Arsch und Schwanz heranziehen. Ich werde Dich als Sklaven arbeiten lassen und Dir ins Maul pissen und scheißen.
Ich will keine Beziehung sondern nur Sex!
Ich bin 33/190. Schreibe mir sofort ich will Dich haben!

Dein Boß

Hallo !

Ich hätte Verwendung fur Dich, Du kleines Ferkel.
Ich bin zwar schon 42 Jahre alt,
bin aber ebenfalls noch immer nicht „stubenrein"!
Viel Erfahrung habe ich auf diesem Gebiet allerdings noch nicht gesammelt, obgleich ich schon ein paar aufregende Stunden in dieser Art erlebt habe. So habe ich z.B. mittels Annonce einen Boy kennengelernt, der auch sehr auf Bettnässer-Geschichten stand. Irgendwann stand er dann vor meiner Tür und wir machten es uns dann erstmal auf meiner großen Garnitur gemütlich, lernten uns etwas näher kennen bei geilen Boyvideos (es gibt da eine geile holländische Serie: „Young pissing Boys").
Kennst Du diese Filme?
Ich legte dann etliche alte Decken unter uns und wir begannen uns gegenseitig zu befühlen. Nach kurzer Zeit pinkelten wir beide in unsere Hosen und legten uns so aufeinander und pissten immer stärker in unsere Hosen rein. So etwas könnten wir doch auch machen, oder?
Hast Du als kleiner Junge auch in die Hosen gemacht?
Soll ich Dir auch den Hintern versohlen ?

Melde Dich rasch

Hubert

Na Du ???

Windeln und Gummihose und.....?
Ich habe soeben das...... durchgeblättert und dabei ist mir, Du hast es Dir sicherlich schon denken können, Deine Anzeige aufgefallen. Ich bin total wild darauf jemanden zu treffen der genau wie ich auf gegenseitiges Windeln wechseln oder ähnliches abfährt. Eigentlich spielt sich ja bislang nur alles in meinen geilsten Wichsphantasien ab, und ich bin mangels Gelegenheit schon fast dabei die Sache für mich abzuhaken. Nun aber kaufe ich mir erstmalig so ein Heft und finde gleich sowas geiles darin - und dann noch in meiner Nähe. Bevor ich Dir noch ein wenig von meinen Phantasien erzähle noch ein paar Sätze zu meinem Äußeren: Ich bin 24 Jahre alt, 1,82 cm groß und wiege ca. 70 Kilogramm. Ich bin also sehr schlank und (knabenhaft) unbehaart. Die Farbe meiner Augen (falls für Dich von Interesse) ist blau und meine Haut für die eines Hamburgers ausgesprochen dunkelhäutig ausgefallen. Ich hoffe diese Angaben haben Dein Interesse nicht bereits geschmälert. Auf jeden Fall sehe ich gut (bis sehr gut) aus - nur habe ich leider kein Foto (in Windeln) von mir. Vielleicht magst Du ja ein heißes Bild von mir schießen ? Ich möchte Dich unbedingt kennenlernen, und wenn es nur zum Erfahrungsaustausch wäre. Denn ich glaube nicht, daß es viele Jungens gibt, die wie wir, auf solche Spiele stehen? Und schon gar nicht in Hamburg, oder vielleicht doch ?
Du kannst mir Windeln verpassen und sie später wieder wechseln und natürlich können wir den Spieß auch umdrehen. Auch könnten wir daraus ein richtig lang anhaltendes Rollenspiel formen, wobei einer in die Rolle des Bettnass-Boy-Babys schlüpft. So könnten wir uns auch beim Einnässen zusehen, und, und, und....
Naja es gibt noch viel viel mehr, nur möchte ich nicht den Eindruck erwecken, daß ich alles haben muß, sondern ich bin auch schon mit weniger vollauf zufrieden.
P.S: Es tut mir leid mit dem Foto, aber ich sehe wirklich gut aus und außerdem wohnen wir beide in Hamburg. Es dürfte doch kein Problem sein uns schnell zu treffen und uns dann in *natura* anzuschauen !

Dein Bettnässerboy

Hallo, mein lieber Bettnässerboy

Mein Name ist Frank, ich bin 32 Jahre, aber sehr knabenhaft und zierlich gebaut. Ich habe großes Interesse Dich kennenzulernen, wirklich!!!

Deine Anzeige ist total geil und erregend. Ich bin ein extrem versauter Fan von extrem versauten Bettnässer-Boy-Spielen. Deshalb möchte ich Dich gerne zu meinen Bettnässerboy erziehen.

Es tut mir leid, daß Du erst jetzt eine Antwort von mir erhältst, aber ich war noch auf Montage in Leipzig. Ich habe Dir einige Fotos von mir beigelegt. (Sorry, ich habe leider nur so versaute Fotos!)
Wie Du auf den Fotos sehen kannst finde ich Pisse und Kacke auch supergeil! Ich liebe auch Rollenspiele und Erziehungsspiele zu machen. Ganz aufregende und schöne Spiele, völlig tabulos!!!

Ja, ich stelle es mir irre geil vor, Dich zu mir zu bestellen und Dich dann eingehend zu mustern. Du mußt vor mir, mit halb heruntergelassener Hose kauern. Ich werde Dir dann schön viel zu trinken geben, damit Deine Blase sich bald melden tut. Dann wirst Du unter heftigsten betteln, mich bitten endlich auf Toilette gehen zu dürfen, da Du den Druck nicht mehr standhalten kannst. Doch ich werde es genießen, Dich einpinkeln zu sehen. Ich werde zusehen wie Deine dicke Hosenbeule vorne ganz dunkel wird und dann beginnen, Dich zu meiner kleinen Boy-Sau zu erziehen!

Als Erziehungsmaßnahme würde ich Dich dann auf jeden Fall solange in Deiner vollgepinkelten Hose stehen lassen bis ich auch pinkeln muß. Dann mußt Du meinen Schwanz rausholen und ihn auf Deinen Körper richten, damit ich Dich kleine Sau auch vollpinkeln kann, damit Du lernst daß man sich nicht in die Hose zu machen hat! Dann mußt Du Dir meinen Schwanz auch ins Gesicht halten, ganz gleich ob noch was rauskommt, oder auch nicht!
Ja, Du kleine Boysau, ich werde Dich garantiert nicht auf Toilette gehen lassen, egal wie dringend es ist und ob Du zu betteln anfängst, denn ich werde gemein sein und es voll auskosten Dich schön einmachen zu sehen,

Dich dann in einer großen Urinpfütze stehen zu sehen. Ich werde Dich dann noch ein zweites Mal vollpinkeln, Du wirst erdulden müssen, wie ich Dir meinen heißen Urinstrahl voll auf Dich strömen lassen werde, ihn eventuell auch in Deinen Mund stecken werde, und vieles vieles mehr noch, wobei ich natürlich enge geile Klamotten tragen werde.

Ich glaube, daß ich Dich damit schon ein wenig zu einer kleinen zarten Boysau erzogen habe, die sowieso absolut alles mitmachen muß, was ich ihr sage. Ich werde Dich dann voll in der Hand haben, weil ich auch Fotos von Dir machen werde!

Dieses dann ausnutzend, werde ich Dich dann auch zwingen, daß Du Dir -vor mir- auch heftigst in die Hose reinzukacken beginnst. Alles betteln und winseln wird Dir nicht helfen. Du wirst solange drücken, bis ich hinten an Deinem hellen Hosenstoff eine dicke braune Beule sehen werde. Ich werde es irre geil finden, Dich so vor mir stehen zu sehen - mit vollgekackter Hose - und dann mit Dir die versautesten Boysex-Spiele zu machen.
An dieser Stelle könnte alles so richtig anfangen !!
Noch zwei Fragen zum Schluß:
Wie sehr magst Du versaute NS/KV-Spiele eigentlich?
Machst Du auch geile Spiele zu Hause, mit Dir allein?

Dann erst einmal Tschüßi für heute, bis auf bald !

Ich kann Deine Antwort kaum erwarten, hoffentlich schon recht bald!?

Dein Frank

Hallo, warum meldest Du Dich nicht ?

Ich hatte Dir vor einigen Wochen bereits einen Brief auf Deine Anzeige geschrieben. Na, vielleicht hast Du so viele Antworten be-kommen und hattest bislang einfach noch nicht genügend Zeit gefunden mir zu schreiben. Vielleicht aber ist der Brief ja gar nicht bei Dir eingetroffen???

Also, noch einmal: Ich bin der Frank, 32 Jahre alt, 172 cm groß und 58 Kilo leicht. Deine Anzeige hatte mich supergeil gemacht, wirklich, und ich möchte Dich gerne zu meinem absoluten Bettnässer-Boy erziehen!

Bei mir hat die Vorliebe für diesen Sex schon früh angefangen (so mit 12-13 Jahren). Ich habe ganz viel Spaß daran gefunden auf die Toilette zu gehen und dort „Groß" zu machen. Wenn mir mal ausversehen etwas in die Hose gegangen war, empfand ich dies als sehr angenehm und erregend. Mein Pimmel wurde dabei immer ganz groß und dick! So habe ich dieses dann auch immer mehr mit Mutwillen zu machen angefangen, erst ein klein wenig und dann immer mehr. Zum Glück hatte ich damals schon ein kleines separates Zimmer (Bodenkammer) für mich. So blieb meine Vorliebe unentdeckt. Ich empfand es als ein geiles Gefühl dann den warmen Brei und die heiße Flüssigkeit in die Hose reingehen zu fühlen, dann auch damit rumzuspielen und so allerhand anzustellen. Das ging dann sogar soweit daß ich auch mit Mutwillen Bettnässen usw. angefangen habe. Ich habe es einfach in der Nacht ins Bett gehen lassen. Es ist ein absolut geiles Gefühl sich dann wie ein kleiner Bettnässer-Boy zu fühlen, der nichts dagegen tun kann! Um nicht alles total einzusauen habe ich mir dann unter meiner engen Schlafanzugshose ein altes Handtuch gelegt, mir eine Art Windel angelegt. Die Kacke wurde dadurch immer ganz gut zurückgehalten, nicht aber die Pipi. Aber zum Glück hatte meine Mutter nie etwas davon mitbekommen.

Nun ja, genauso hatte bei mir alles angefangen. Und nun hätte ich gerne einen eigenen kleinen Bettnässer-Boy. Das fände ich irre geil!
Wenn Du möchtest, werde ich Dich zu meiner Boysau erziehen?
Bei unserem ersten Treffen möchte ich dann auf jeden Fall das wir (Du) diese schönen geilen engen Sachen Sachen (Jeans, Jogginghose, Radlerhose usw.) anhast, weil ich da voll drauf abfahre! Denn es sieht so irre geil aus, wenn die ganze helle Hose vorne und hinten dunkel wird und man schön reindrücken kann.

Es gibt für mich nichts schöneres und erregenderes als einen zarten schlanken unbehaarten geilen Boy sich heftig

in seine engen Klamotten reinpinkeln- und reinkacken zu sehen.
Meine Neigungen im Bereich von NS/KV sind absolut grenzenlos!
Erwarte aber nicht so etwas wie Druck und Schläge von mir, ich bin doch selbst ganz zierlich gebaut. Aber dafür werde ich Dich zu einer riesengroßen Boysau erziehen, versprochen!

Du wirst Dich vor mir hinstellen und Dir Deinen Pimmel rausholen und ihn zu bearbeiten beginnen. Dieses alles werde ich auf Video aufnehmen, um Dich dann völlig in meiner Hand zu haben. Du wirst fortan fast bereitwillig alle meine Wünsche und Befehle ausführen. Als erstes wirst Du mir meinen Pimmel aus meiner Hose herausholen und heftig daran zu saugen und zu nuckeln anfangen. Du tust dies alles in der großen Hoffnung, daß ich niemandem das Videoband zeigen werde. Doch von da an lasse ich meinen geilen Sexwünschen freien Lauf. Du mußt meinen ganzen Saft runterschlucken. Du wirst Dir in die Hose pinkeln und ich werde Dich dann auch vollpinkeln - auch ins Gesicht und in den Mund. Als Befehl hast Du dann meine Pisse zu schlucken und zu trinken bis sie Dir wieder aus dem Mund rauszulaufen anfängt. Auch wirst Du meinen heißen Pisstrahl überall auf Dich halten und erdulden müssen an meiner vollgepissten Hose rumzulecken. Dann gönne ich Dir eine kurze Atempause - aber nur kurz! Dann nehme ich Dich mit auf die Toilette. Also fängst Du auf meinen Befehl hin - auf dem Klo sitzend an Dir Deinen Pimmel vorne aus dem Hosenstall rauszuholen und dann Dich im hohen Bogen selbst vollzupinkeln, bis hinauf zum Gesicht und in den offenen Mund. Auch diese Sauerei wird von mir auf Video aufgenommen! Damit habe ich Dich nun soweit gebracht, daß Du vor lauter Angst alles bereit bist zu tun!
Also befehle ich Dir kräftig mit dem Drücken zu beginnen, solange bis Du merkst das Deine Kacke in die Hose reingeht. Und ganz genau das will ich ja auch. Alles flehen und betteln wird Dir nicht helfen. Vor lauter Angst beginnst Du Dir in Deine Hose zu scheißen, bis ich hinten in der Hose eine riesengroße Beule sehe. Total erregt fange ich natürlich nun an, heftig daran rumzufühlen und rumzukneten, so daß sich die ganze Kacke in der Hose schön verteilt. Dein ganzer Po/Hoden/

Innenschnekel werden mit Deiner Kacke beschmiert. Auf jeden Fall wird dann eine weitere Strafe für Dich sein, daß Du Dir mit der Hand in Deine Hose reinfassen mußt und Du Dir Deine Kacke überall hinschmieren mußt: Hoden/ Penis/ Bauch/ Brust/ rauf bis zum Gesicht - erst dann werde ich Ruhe geben. Doch damit noch nicht genug! Total erregt gebe ich nun meinen versauten Neigungen freien Lauf, habe ich Dich doch nun voll in meiner Hand! Nun wirst Du zu einer kleinen Hosen-Piss-Sau und zu einer kleinen Hosen-Kack-Sau erzogen. Ich werde nun mit Dir die versautesten Pinkel & Scheiße-Spiele machen. Das geht dann sogar so weit, daß Du Dich immer von Kopf bis zu den Füßen mit Deiner Scheiße einschmieren mußt. Und erst nach einer gewissen Zeit erlaube ich Dir Dich in die Badewanne zu begeben und Dich darin mit Deinen eigenen Urin sauber zu waschen. Dann wirst Du ständig meine warme Pisse schlucken, meinen steifen Schwanz lecken und kauen, mein Poloch küssen - ganz egal ob da „Groß-AA“daraus kommt Du wirst es tun müssen!! Ich werde vor Deinen Augen schön langsam in ein großes Glas reinpinkeln. Du hast es dann schön langsam auszutrinken. Wenn Du es nicht beim ersten mal schaffst, dann immer wieder kleine Schlucke, bis es leer ist! Ich könnte mir auch sehr gut vorstellen das ich mir in eine kleine geile enge Turnhose reinkacke, über Dir kniend, so daß die ganze Scheiße und Pisse aus den Beinöffnungen auf Dich raufgeht. Dann erhältst Du den Befehl ganz heftig an meiner vollgemachten Hose rumzulecken. Als weitere Bestrafung wirst Du mein drekkiges steifes Glied und meinen Hoden ablecken.
Dann wirst Du ins Bett gebracht. Und solltest Du in dieser Nacht ins Bett machen, wird es wohl so werden daß ich Dich in der nächsten Nacht einwindeln muß. Du wirst Dir dann zwar wie ein kleines Kind vorkommen, aber Strafe muß nun einmal sein - und Bettnässer- und Hosenkacker-Jungs müssen nun einmal bestraft werden! Sollte die Windel dann am nächsten Morgen wieder vollgemacht sein, wirst Du meine Morgenpisse trinken müssen und ich werde Dir die vollgemachte Windel über Dein Gesicht legen.
Später werde ich Dich völlig haarlos abrasieren, egal ob Du das willst oder nicht! Wenn Du schon wie ein kleines Kind in die Hose reinmachst, dann sollst Du Dich auch so fühlen, denn nur kleine Jungs machen noch

in die Hose und tragen Windeln und haben in diesem Alter bestimmt noch keine Haare unten dran.

So, und nun hoffe ich endlich auf Deine geile versaute Antwort.

Dein Betnässer und Kackfreund

Frank

SÜßER JÜNGLING (19), UNSCHULDIG IN NOT GERATEN, BRAUCHT DRINGEND KOHLE. ICH MACHE AUCH WIRKLICH ALLES DAFÜR. BITTE HELFT MIR!

Hi

Durch meinen Freund, bei dem ich wohne, bin ich auf Deine Anzeige aufmerksam geworden. Nun würde ich Dich gerne kennenlernen - natürlich nur wenn Du es willst ! Wie Du schreibst, brauchst Du dringend Geld; okay darüber ließe sich mit mir reden. Weiter schreibst Du das Du ein süßer Junge bist; meinst Du vom Aussehen oder von Deiner Art?
Zuvor würde es mich schon sehr interessieren wie Du aussiehst, einen gutgebauten Körper und was halbwegs ordentliches, Lust- und Spritzgeiles zwischen den Schenkeln hast, und ob Du auf jeden Fall im großen und ganzen ein ansprechender Junge bist, der auch lustig sein kann, mit dem man sich auch vernünftig unterhalten und ausgelassen sein kann.
Wenn Du meinst diese Dinge könnten auf Dich zutreffen, dann könnte es sich lohnen wenn Du Dich baldmöglichst bei mir melden würdest.
Noch günstiger wäre es wenn Du mir ein passables Foto von Dir schicken würdest, was Dich von Deiner besten Seite zeigt.
Ich habe ja eigentlich einen etwas älteren Freund, aber in bin nicht abgeneigt einen anderen gleichaltrigen Bengel kennenzuleren, der
interessant aussieht und mit dem man was vernümftiges gemeinsam unternehmen kann.
Ich habe mit Absicht Bengel geschrieben, weil ich halt auch noch fast einer bin und nur auf richtige Bengel stehe.
Auf 08/15-Sex stehe ich nicht, weil der mir zu langweilig ist. Ich bin sehr zeigegeil. Bist Du dies eventuell auch?
Ich schmiere meinen Freund gerne von Kopf bis Fuß mit Öl ein. So sieht er für mich noch besser aus, als ohnehin schon. Dann ziehe ich ihm meine Ledersachen an: einen Kreuzgürtel für den Oberkörper, einen Schwanz-

und Arschgurt für den Unterleib, Oberarm und Fußgelenkgurte und natürlich ein breites Halsband und fingerlose Handschuhe, alles mit Nieten besetzt. Damit sieht mein Freund tierrisch geil aus, und ich denke auch, daß ich mich ebenso mit diesen Sachen sehen lassen kann. Wir spielen dann ganz besondere Spiele miteinander. Wenn wir richtig geil drauf sind, dann fesseln wir uns abwechselnd und vernaschen uns dann in aufreizenden Stellungen. Geile freche Sprüche wirken da wahre Wunder. Letzes Jahr am Karneval haben wir uns von Kopf bis Fuß bunt bemalt und danach zwei supergeile Abende erlebt.
Ich bin also kein stinknormaler Junge und ich würde mir den spaß auch schon was kosten lassen.
Also, schwing Deine Feder und einige Deiner Sorgen wärst Du dann wohl los.
P.S: Anbei schicke ich Dir einige Fotokopien. Orginalbilder will ich noch nicht loswerden weil ich nicht so viele von uns habe.

Bis bald
Hansi

Deinem Anzeigentext entnehmend brauchst Du Geld. Ich glaube, da kann ich Dir helfen.

Ich suche einen heißen Typ, der mich endlos mit Pisse und Samen vollpumpt!
Möchte auch gerne von einem Boy nachts ne total steifvollgewichste, nach Pisse riechende Turnhose tragen.
Auch ein vollgewichster Kondom kann interessant sein...
Doch noch lieber wäre es mir, Du schiffst mir direkt in die Hose und Du schleuderst Deine Säfte anal in meinen Körper.

Berlin liegt zwar nicht grad um die Ecke...aber es wäre einen Versuch wert und ich lasse es mich was kosten.

Ich bin blond, blauäugig, schlank, sportlich, fahre Porsche, bin agil,
und wiege 60 Kg bei einer Größe von 174 cm.

Wenn Du Bock hast und Kohle brauchst, dann melde Dich
Heiße, geile verpisste Grüße aus Berlin

von Kalle

Hallo

Habe Deinen Hilferuf in...... gelesen und hätte großes Interesse mich mal mit Dir in Verbindung zu setzen. Fahrgeld würde ich natürlich im voraus übernehmen und bei einem Treffen 200.- bis 300.- DM bezahlen, je nachdem was von Dir geboten wird.
Schreib mir doch bitte mal was Du davon hälst und bitte auch Deine Preise für ein Wochenende, einen Monat etc.
Anbei lege ich Dir 20.-DM für Auslagen für ein Probefoto von Dir.
Ich bin ja leider schon 60 Jahre alt und ich weiß nicht was Du davon hälst. Kann ich Dich auch fotografieren?
Wieviel Geld brauchst Du?

Gruß Rolf

Hallo, Du kleiner geiler Strichboy,

habe Deine Anzeige im...... gelesen und habe mich dann gleich entschlossen Dir zu schreiben. Wenn Du bereit bist Dich mir voll zu unterwerfen, könnte dies die Lösung Deines Problems bedeuten. Ich würde Dir das Geld geben was Du bräuchtest, dafür aber müsstest Du Dich von mir tabulos benutzen lassen und alles machen was ich von Dir verlange.

Ich will Dich dann zu meiner Strichersau machen. Du hast ständig nackt zu sein. Du ziehst nur an was ich Dir befehle. Ich werde Dich sexuell mißbrauchen, ganz nach Lust und Laune und wie ich es gerade will. Dabei gibt es für dich kein einziges Tabu !!!Es ist alle möglich. Auch härtere Touren. fesseln, Knebeln, Eier abbinden, Kerzenwachs, Peitsche, Titten-, Sack- und Schwanzfolter u.s.w. Später dann, werde ich mittels

deinen Körper das Geld wieder eintreiben welches ich Dir gegeben habe, indem ich Dich an einschlägigen Orten nackt vorführen und anderen Männern zur Verfügung stellen werde. Dann wirst Du für mich anschaffen gehen! Natürlich hast Du dann auch im Freien und an einschlägigen Orten (Klappe, Park, Pornokino u.s.w.) nackt zur Verfügung zu stehen, damit ich mit Dir machen kann was ich will. Also Du geile Strichersau, wenn Du mir nun zur Verfügung stehen willst und ich dafür Dein finanzielles Problem lösen helfe, dann melde Dich sofort bei mir.
Ich bin 61, 178, 84

Anton

Hallo mein süßer Boy

Ich habe Deinen Hilferuf verstanden und möchte Dir gerne finanziell unter die Arme greifen. Bin 29/165/65 dunkelblond, mit einer schlanken Figur

Wenn Du mich geil mißbrauchen würdest würde ich mich sehr darüber freuen und das dann auch finanziell honorieren.

In den Videos sieht das immer geil aus, wenn die jungen Boys (18-20) einen fesseln, ihm dann dem Schwanz blasen oder er den Schwanz blasen muß und seine Sahne dann in die Fresse bekommt und danach mit Pisse abgespühlt wird. Da ich allein lebe bleiben mir nur die Erlebnisse vom Video. Ich hätte nun folgenden Vorschlag: Entweder kommst Du zu mir nach Schwerin oder ich komme zu Dir nach Hamburg.

Denn dann kannst Du mich fesseln und mich mißbrauchen und mir Deine geile Sahne in die Fresse spritzen und mich dann mehrmals
anpissen und was Du sonst noch geiles machen möchtest. Ich bin Dir tabulos unterwürfig. Natürlich bin ich sauber und gesund!!!

Ich finde es geil junge Schwänze zu blasen. Du hast ja geschrieben Du bist für alles bereits. Dann wirst Du mich doch bestimmt auch mißbrauchen können, oder ?

Dein Norbert

Hi Typ

Du willst dringend Geld verdienen? Vielleicht gibt es jetzt einen Weg dafür. Ich suche einen dominant-perversen Toilettenspender. Stehe total auf NS. Kaviar, Sperma und Rotze. Wir treffen uns tagsüber in Hamburg, in einem Hotel oder bei Dir. Du füllst mich dann mit Deinen Delikatessen ab. Ich habe alles sauberzulecken. Blase Schwanz, sauge Eier und lecke Füße. Will ins Maul gepißt und geschissen werden. Werde alles brav schlukken, vom Samen bis hin zur Scheiße. Lecke Dich sauber. Dafür will ich Dir dann gerne ein Taschengeld zukommen lassen. Bin an regelmäßigen Treffen interessiert, somit hättest Du eine regelmäßige Einnahmequelle. Da ich gebunden bin, bitte ich um eine Nachricht an mein Postlageradresse (gerne pervers geschrieben).

Rüdiger

Hallo ich bin der Herbert 43/183

Ich antworte auf Deine Anonce. Ich stehe auf Sachen die vielleicht abartig für Dich sind. Aber ich mag sie so gern. Ich weiß ja nicht ob Du es machst. Ich bin ganz geil da drauf wenn Du ein weißes Hemd und eine Krawatte trägst dabei, was ich auch anhabe dabei. Ich blase Dir dann auch gerne einen. Ich lasse mir auch gerne von Dir Deine Spucke in meinen Mund spucken. Geil finde ich es auch, wenn Du mich ankotzt. Ich würde Deine Kotze auch schlucken, wenn Du es sagst. Ich lasse mich auch anpissen und anscheißen, wenn Du Dich dann anschließend auf mich drauflegst. Weißes Hemd und eine Krawatte habe ich für Dich zum rumsauen. Wäre natürlich geil wenn Du im Hemd und Krawatte ankommen würdest, und Dich hinterher umziehst bei mir, und mir befiehlst das ich Dir zuschaue beim umziehen. Ich würde mir freuen wenn ich von Dir höre, ob Du kommst oder auch nicht. Wenn es geldlich normal bleibt würde ich es auch gerne öfters mit Dir treiben.

Herbert

SCHMERZGEILER ZÖGLING SEHNT SICH NACH PEITSCHENHIEBEN UND ROHRSTOCKBEHANDLUNG. WER LEGT MICH ÜBERS KNIE?

Hallo, Du schmerzgeile Sau

sage doch ma, was ist denn das für eine Bewerbung in der...... um Schläge zu betteln, das ist doch nicht Dein ernst?

Diese Bewerbung kannst Du ja wohl vergessen, wenn ich Dich in die Finger bekomme, dann kannst Du was erleben. Meine Peitsche wartet schon auf Dich und auf Deinen jungen geilen Arsch.

Ich befehle Dir das Du mir sofort nach Erhalt des Briefes eine ordenliche Bewerbung zusendest. In dieser Bewerbung soll drin stehen wie Du bestraft werden willst. Was Du außer der Peitsche noch für sexuelle Handlungen bevorzugst. Auch hast Du Dich jederzeit bereitzuhalten und Dir eine Strafe abzuholen. Zu Deinen Berwerbungs-unterlagen hast Du noch ein Bild zuzulegen.

Solltest Du Deine Strafe von mir bekommen, so werde ich Dich fesseln und Dich dann bestrafen. Ich werde Dich zu einer schmerzgeilen Sklavensau machen. Du hast die Pflicht mich ab sofort als Meister anzusprechen. Soll-test Du dieses nicht machen, so bekommst Du 50 Schläge extra auf Deinen Schwanz gepfeffert. Weiterhin hast Du die Pflicht Dich am Schwanz und Arsch zu rasieren.

Also Du schmerzgeile Sau melde Dich umgehend bei Deinem Meister (36,193,90).

Geile Grüße

Dein Meister

Ich habe Deine Schmerzensschreie in der...... erhört und habe sofort Lust auf Dich bekommen.

Kurz zu mir: Ich bin 22 Jahre / 1,88cm / 67 Kg
Wenn Du die Peitsche brauchst, Du devotes Masotier, denke ich mal, daß man Dich auch ansonsten so richtig geil rannehmen kann.
Ich hätte kein Problem damit, Dir Deinen Arsch so richtig schön zu versohlen, bis sich so richtig schöne blutunterlaufene Striemen darauf abzeichnen. Zwischendurch würde ich Dir dann immer wieder einen Maul- und Arschfick verpassen und Dich in einer Tour ohrfeigen. Will Dir auch Deine Brustwarzen bearbeiten und Dich an mein Kreuz binden um Dich dort, auch am Rücken, auszupeitschen. Ich werde Dich so lange bearbeiten bis Dir Tränen aus Deinen Augen laufen, Du devotes Masotier.

So ich hoffe, daß Du jetzt ein paar geile einblicke von mir gewonnen hast. Schreib mir zurück, was Du beim Sex willst und auf was für Klamotten Du stehst. Anbei habe ich Dir noch drei supergeile Fotos von mir beigelegt.

Hallo !

Ich habe Deine Anzeige mit großem Interesse gelesen

Wenn Du wirklich schmerzgeil bist und die Peitsche spüren möchtest, bist Du bei mir, wenn Du Kontakt mit mir aufnimmst, an den Richtigen geraten. Ich kenne das nämlich noch aus meiner Schul- und Internatszeit.
Zwar bin ich dem Paß nach 69 Jahre alt, nicht aber im Wesen und in der Erscheinung. Ich muß ja irgendetwas junges an mir haben, wenn sich mein Bekannten- und Freundeskreis zusammensetzt aus Boys und Kerlen im Alter zwischen 25 und 45 Jahren, die mich schon Teil schon länger als 10 Jahre kennen und mit denen ich voll und ganz harmoniere.

Also: 69 Jahre, 175 groß, 83 Kg schwer, grauhaarig, kräftig, energisch, zielbewußt, intelligent, phantasievoll, wenn es drauf ankommt.

Ich experimentiere auf diesem Gebiet schon seit meiner Jugend, mit wachsender Begeisterung. Ich könnte Dir Dein Lehrer, aber auch Dein Ratgeber und Helfer sein, wenn Du strenge Erziehung benötigst würde ich auch diese Aufgabe mit Zielgerichtheit übernehmen. Ich weiß, wie man Peitsche, aber vor allem den Rohrstock richtig einsetzt

Also: Wenn Du Kontakt wünscht, ruf mich an unter......
Verschwiegenheit ist bei mir selbstverständlich

Grüße

Johannes

Hallo, Du total schmerzgeiler Bursche

Deine Anzeige im...... habe ich gelesen und ich denke mit uns zwei könnte was gehen. Bin 42 Jahre alt, 178 cm groß 70 Kg schwer, mit sportlicher geiler Optik. Gelte als strenger aber fairer Erzieher.

Du wirst Dich nach meinen Peitschenhieben nur so sehnen. Werde Dich abrichten und Deine Schmerzgeilheit befriedigen. Aber nur so wie ich es will!! In der Regel kommen meine Burschen immer wieder zu mir. Auf allen Vieren kommen sie angekrochen und schreien nach Schlägen. Dich möchte ich vorerst einzeln vornehmen und Dich systematisch abrichten. Zucht und Ordnung werde ich Dir beibringen. Deinen Arsch versohlen, bis Dir die Tränen kommen. Rohrstock, Knüppel und die Peitsche wirst Du ausreichend zu spüren bekommen.
Wenn wir uns häufiger treffen sollten, erwarte ich von Dir, daß Du Dir ein Branding einbrennen läßt, als Zeichen Deiner Hingabe.
Bevor ich aber jetzt weiterschreibe, erwarte ich zunächst eine Antwort von Dir.
Ich wohne zwar in München, bin aber öfters in Hamburg, wo ich eine Absteige für diese Zwecke beherberge. Dort werden wir es treiben und dann sehen wir weiter.
Dein Zuchtmeister und Auspeitscher
Gerald

WAS BEDEUTET WAS ?

aktiv (a)	Mann, der seinen Sexualpartner beim Analverkehr penetriert, bzw. sein Genital in die Afteröffnung des Sexualpartners einführt.
a/p	Jemand, der sowohl aktiv als auch passiv ist. Dieses Kürzel findet, vor allem auf den Analverkehr bezogen, häufig Verwendung.
BBB(ohne)	(ohne) Bauch, Bart und Brille.
bisexuell(bi)	Eine Person die sich zu beiden Geschlechtern (mehr oder weniger) gleichermaßen hingezogen fühlt.
Bizarr-Sex	*wörtlich übersetzt:* Ungewohnlicher, eigenwilliger Sex. Angewandt wird dieser Begriff allerdings vornehmlich bei: Natursekt- und Rollenspielen. Außerdem wird dieser Begriff oft auch in Verbindung mit Gummibekleidung (Latex) erwähnt.
Briefwichser	Personen, die auf Kontaktanzeigen antworten; dies aber weniger, um mit der betreffenden Person in einen tatsächlichen Kontakt zu treten, sondern vielmehr, um sich durch die fremden oder eigenen sexuellen Schilderungen Befriedigung zu ver schaffen.
französisch	Das Glied des Sexualpartners im Mund, meist mittels Einsatz von Zunge und Gaumen, stimulieren. Andere Bezeichnungen hierfür: Oral verkehr, blasen, u.a.
Bondage	fesseln (Fesselsex).
BW-Klamotten	Bundeswehrkleidung, Tarnkleidung, sowie Sex in dem Uniform oder BW-Kleidung eine gewichtige Rolle spielen. Die Anwendung dieser

	Kleidung findet sich häufig auch innerhalb der Lederszene wieder (Uniformträger) *siehe hierzu auch:* Rollenspiele
Cockring	Metall- oder Gummiring, der im unerigierten Zustand sowohl über den Penisschaft als auch über Hodensack gezogen wird. Diese Handhabung soll dann beim Sexualkontakt eine stärkere Erektion herbeiführen sowie eine frühzeitige Ejakulation vermeiden. Der Cockring findet auch häufig Verwendung, um über bestehende Erektionsprobleme hinwegzutäuschen.
Darkrooms	Abgedunkelte Räumlichkeiten, in denen man(n) seinen Sexualpartner nur ertasten, nicht aber sehen kann.
devot	Unterwürfigkeit. Die Person, die sich beim Sex den Partner unterwirft und sich ihm ausliefert.
Dirty	Dreckiger Sex - steht fast ausschließlich in Verbindung mit Toilettensex / Urin & Kot
dominant	Die Person, die beim Sex den Partner unterwirft und ihn sich gefügig macht.
deep troaping	Den Schwanz beim Oralverkehr tief in den Rachen stecken (nehmen) - „Tiefer Mundfick“
Dildo (dd)	Künstlicher Penis, zum Einführen in die Anusöffnung, zur Stimulation. In sämtlichen Ausführungen und Größen erhältlich.
Drill	Harte Erziehung, z.B. durch Schläge, Tritte, Auspeitschungen. Ebenso, erzwungene schwere körperliche „Sport- und Ertüchtigungsübungen“
Einlauf	*siehe hierzu:* Klistier
Face-Sitting	Wenn einer der Sexualpartner sich mit seinem

	Hintern auf das Gesicht des anderen setzt und sich dann von ihm, mittels Zunge, seinen Anusbereich stimulieren läßt.
Fisting (ff)	Erweiterte Form des Analverkehrs, mit der Faust in den Anus eindringen.
frivol	...geltende Moralbegriffe verletzend
Gewichte	meist spezielle Gewichte, zum Anhängen an Brustwarzen, Hoden, Schwanz etc.
Gummi-Latex	(Bekleidungs-) Materialien, die z.B. beim Bizarr-Sex Verwendung finden.
Golden Shower	Wörtlich übersetzt: Goldener Regen. jemanden anpinkeln, sich anpinkeln lassen
Gruppensex	Sex mit mehreren Personen gleichzeitig
High Heels	hohe Stiefel, z.B. von Transvestiten getragen
Kaviar (kv)	Kot, Stuhl, Scheiße - Sex, in dem Kot eine tragende Rolle spielt
Klammern	werden bevorzugt an die Brustwarzen und Hoden gehängt und zudem häufig zusätzlich mit Gewichten beschwert. *Siehe hierzu auch: Gewichte*
Klappe	öffentliche Männertoilette, auf der es auch zu sexuellen Handlungen kommt.
Klistier	Einlauf, Darmreinigung, als Vorbereitung für den Analverkehr.
Knebel	Eine Vorrichtung, die jemandem in den Mund gesteckt wird, um ihn so am Sprechen oder Schreien zu hindern. Wird eingesetzt bei: Rollenspielen oder Sadomaso-Sex

Masochist	Jemand, der durch Erleiden von Mißhandlungen sexuelle Befriedigung und Erregung erfährt.
Natursekt (ns)	Urin - Sex, in dem Urin eine tragende Rolle spielt
passiv (p)	Mann, der sich beim Analverkehr penetrieren läßt, bzw. das Genital seines Sexualpartner in die Anusöffnung geführt bekommt.
Plug	Eine Vorrichtung, die oft nach dem Klistier in die Anusöffnung gesteckt wird, und die das Herausweichen des Klistiers verhindern soll. Findet mitunter beim SM-Sex Verwendung.
Poppers (pp)	Stimulanz, die zur Steigerung der sexuellen Lust eingesetzt wird und die bewirken soll, daß z.B. Hemmungen fallen und das Schmerzempfinden herabgesetzt wird. Neben einigen gefährlichen Nebenwirkungen (z.B. Herzinfarkt, plötzlicher Blutdruckabfall) besteht auch die Gefahr, durch eine verminderte Urteilsfähigkeit auf Schutzmaßnahmen beim Sexualkontakt zu verzichten.
Rasur (rasiert)	Intimrasur, Ganzkörperrasur. Eine Vielzahl der schwulen Männer rasiert sich an diversen (zumeist intimen) Körperstellen.
Reizstrom	Elektrofolter. Elektroden werden an verschiedene Körperstellen angebracht und diese werden dann mit Reizstrom durchlaufen. Ein sado-masochistisches „Spielzeug“.
Rollenspiel	wenn man beim Sex in eine andere Rolle schlüpft. Rollenspiele bedürfen in der Regel eines aktiv-dominanten, sowie eines passiv-devoten Parts. Beispiele für Rollenvarianten: Schüler / Lehrer - Meister / Sklave - Hauptmann / Rekrut - Kapitän / Matrose usw.
Rotze	anrotzen, anspucken. Sex, bei dem Spucke eine

	tragende Rolle spielt (Besudelung)
Safer Sex	Sicherer Sex ! Beispiele: Ficken nur mit Kondom - Abspritzen nicht in den Mund!
Sadist	Jemand, der sexuelle Lust dadurch verpürt, andere Menschen zu quälen.
Sadomaso (sm)	Sadomasochismus: Der Überbegriff für: Sadismus & Masochismus. Sammelbegriff für Anhänger einer oder beider dieser Richtungen.
Skin	Männer in Skin-Outfit; Kopfrasur, harter Sex, Drill, Erniedrigung.
Spanking	Schläge z.B. auf den Hintern oder jemanden über das Knie legen. Bestrafung mit: Rohrstock, Paddeln, Teppichklopfer, Peitsche etc.
Stricher	männlicher Prostituierter. Mann (Boy), der für Geld seinen Körper anbietet.
Transvestit	Mann, der sich aufgrund seiner Veranlagung wie eine Frau kleidet.
Tittentrimm (tt)	Mehr oder weniger starke Stimulierung der Brustwarzen, z.B. durch verschiedene Tools oder der Zurhilfenahme der Finger, Zähne etc.
TV-Erziehung	Erziehung zum Transvestiten. Dieses Kürzel taucht hin und wieder in einigen Kontaktanzeigen auf. Ungefähre Bedeutung: Wenn ein Mann dazu „gezwungen“ wird, Frauenkleidung zu tragen und sich darin dann dementsprechend zu verhalten hat.
Tools	Sex-Spiel- oder Hilfswerkzeug wie z.B.: Dildo, Plug, Handschellen, Cockring u.a.

unbehaart	von Natur aus am ganzen Körper oder aber durch Rasur unbehaart sein.
Wachs	Wachs » Wachsbehandlung: Heißes Wachs wird (z.B. bei SM-Sex) auf verschiedene, oftmals schmerzempfindliche Körperstellen gelassen.
wichsen	Selbstbefriedigung. Sich selbst mit der Hand befriedigen.
Zofe	Im Duden ist von einer weiblichen Person die Rede, die für die persönliche Bedienung einer vornehmen, meist adeligen Dame da war. In der entfremdeten Realität sexueller Gelüste sieht das dann wie folgt aus: Die Zofe steht für: (auch männl.) Sklavin, Leibeigene, Sex-Spielzeug.
69er	Zwei Männer die sich beide, und zwar gleichzeitig, französisch (mit dem Mund) befriedigen. Die Zahlenstellung: „69er" verrät hierbei die dabei einzunehmende Körperhaltung.

Die rosarote Schattenwelt

Das etwas andere Lesebuch

Bedürfen Sie einer Anleitung zum Schwulsein?
Wissen Sie, wonach Sperma schmeckt? Hatten Sie schon ein-mal ein Abenteuer im Stadtpark oder auf dem Bahnhofsklo? Träumen Sie nicht auch manchmal von einem Engel der Nacht, einer fremden Schönheit, einem Knaben am Wegrand, oder machen Sie es sich lieber selbst? Was wissen Sie über einschlägige Szene-Schwule, über den Callboy Kevin oder die Knaben vom Bahnhof Zoo?
Wie wär es mit einem Streifzug durch die Sexkinos?

Steigen Sie ein! Folgen Sie mir zur Endstation Hauptbahnhof oder haben Sie teil an einem Kurztrip nach Tuntenhausen.
Tauchen Sie ab in die rosarote Schattenwelt, einer Welt voller krasser Gegensätze. Tauchen Sie hinein, in ein Buch voller außergewöhnlicher Geschichten und Texte, von heiter bis herzzerreißend, von schockierend bis schelmisch.